Damals

Geschichten und Überlieferungen
aus der Region Marburger Land

Band 2

Die Nachkriegszeit

Grundblick Verlag

Erste Auflage
Grundblick Verlag, Ebsdorfergrund 2015

Printed in Germany
Umschlaggestaltung: Julia Brömer, jb-grafik Ebsdorfergrund
Titelbild: privat
Herausgeber: Grundblick Verlag
Vor dem Wald 16, 35085 Ebsdorfergrund
www.buecher.grundblick.de   e-mail: post@grundblick.de
Vertrieb: www.syntropia.de

ISBN: 978-3-9817063-1-4

© Alle Rechte vorbehalten, Grundblick Verlag

Die nicht namentlich gekennzeichneten Beiträge sind von Herausgeber Willi Schmidt geschrieben bzw. zusammengestellt.

Übersicht:

Vorwort		6
I	**Alltag in der Nachkriegszeit**	8
	Flüchtlinge und Vertriebene	12
	Eine neue Heimat für Flüchtlinge	20
II	**Sissy, Elvis und der Gesangverein**	
	Die 50er Jahre auf dem Dorf	28
III	**Wie die Tracht aus dem Marburger Land**	
	(fast) verschwand	58
IV	**Die 60er Jahre -**	
	Rebellion auch auf dem Dorf?	64
V	**Verdrängte Geschichte**	89
	Euthanasie im Dritten Reich - Der	
	Mord an zwei Menschen in Schröck	91
	Die Sinti-Kinder und der Kampf	
	gegen das Vergessen	97
	Stolpersteine erinnern an	
	traurige Geschichte	101
	„Ich war nur noch eine Nummer"	105
VI	**Land in Sicht - der Traum vom besseren Leben**	
	Von Flüchtlingen und Auswanderern	113

Vorbemerkung:

Nachdem das Buch "Damals - Geschichten und Überlieferungen aus der Region Marburger Land" auf großes Interesse der Leserinnen und Leser gestoßen ist, erscheint nun Damals - Band 2, mit dem Schwerpunkt Nachkriegsgeschichte, die 1950er und 1960er Jahre.

Wie schon im ersten Buch steht dabei der Alltag der "normalen" Menschen in unserer Region im Mittelpunkt. Ein Teil der Beiträge ist in den verschiedenen Monatsmagazinen, die im Grundblick-Verlag erscheinen, bereits abgedruckt worden. Für das Buch wurden sie neu sortiert und bearbeitet. Hinzu gekommen sind noch weitere thematische Beiträge der Journalistin und Historikerin Patricia Kutsch, die gemeinsam mit dem Grundblick-Verleger Willi Schmidt das Buch herausbringt. Unabhängig von der Zeit-Chronologie werden hierbei auch Themen aus der regionalen Nazi-Vergangenheit behandelt, welche in typischer Weise für die Nachkriegszeit, lange Jahre verdrängt wurden.

Patricia Kutsch und Willi Schmidt,
Herausgeber

I
Alltag in der Nachkriegszeit

Nach dem Ende des Krieges, welches von den meisten Menschen mit Erleichterung aufgenommen wurde, standen im Alltagsleben die Aufrechterhaltung der Lebensgrundlagen im Vordergrund: Genug zu essen und ein Dach über dem Kopf. Anders als vor allem in städtischen Ballungsgebieten, war dies in der ländlichen Region des Marburger Landes wesentlich leichter zu gewährleisten. Bauliche Kriegsschäden gab es nur wenige und in der bäuerlich geprägten Dorfstruktur mit zahlreichen Selbstversorgerwirtschaften hielt sich die Not trotz Ablieferungszwänge in Grenzen. Dagegen kamen Menschen aus den Städten immer wieder zu Hamsterfahrten aufs Land und bettelten um das Nötigste.

Eine behördliche Infrastruktur musste neu geschaffen werden. Nach dem Einmarsch der Alliierten stand zunächst alles öffentliche Leben still: Strom war abgestellt, es gab keine Post, kein Telefon, die Milch wurde nicht von der Molkerei abgeholt.

Zu tun gab es dann jedoch genug. Vertriebene und Flüchtlinge waren zu integrieren, dort wo es Zerstörungen gab, Trümmer zu beseitigen, Gebäude neu aufzubauen und es ist sicherlich nicht zu unterschätzen, was die im politischen Zwist zerbrochenen Familienbanden bedeuteten. Und natürlich blieb die Trauer um die Toten und Vermissten.

Die Zeitzeugin Gretel Fourier aus Oberrosphe hat mit einigen ihrer Erinnerungen an die Nachkriegszeit zu dem vielbeachteten Theaterstück "Leibchen, Liebe, Chewing gum" beigetragen, welches im August 2007 in Oberrosphe Uraufführung hatte. In dem Stück stand im Vordergrund, wie die Amerikaner in Oberrosphe Quartier nehmen. Aus dieser Zeit schreibt sie:

"Sirenen und Luftangriffe waren jetzt vorbei, es konnte aufgeatmet werden. Doch was erwartete uns jetzt? Als erstes suchten die Amis für sich Quartiere. Für sie rentabel waren große Häuser und Bauernhöfe. Man rückte untereinander zusammen. Und so kam es, dass manchmal drei bis vier Familien zusammen lebten. Gegessen wurde gemeinsam an einem Tisch. Es aß jeder von jedem. Die Kinder fanden das alles toll. Die ausgewiesenen Bauern durften morgens und abends eine Stunde auf ihren Hof, um die Tiere zu füttern, es durften nicht mehr als drei Personen miteinander sprechen. Ab zwanzig Uhr war für alle Ausgangssperre. Die Bewohner litten schon etwas unter den auferlegten Zwängen, aber man konnte wenigstens ohne Sirenengeheul und Luftangriffe schlafen.

Bald konnten die Bewohner wieder zurück in ihre Häuser, die vor Unordnung kaum wieder zu erkennen waren. In jedem Haus fand man Uhren, nur nicht die eigenen. Sie wurden alle auf dem Bürgermeisteramt deponiert, damit jeder seine herausfinden konnte. Dazwischen lagen noch brauchbare Lebensmittelpäckchen, Konserven, Schokolade usw. mit englischer Aufschrift, bei denen man erst geöffnet sehen konnte, ob etwas Essbares darin war. Viele wollten deswegen gerne Englisch lernen. Kleine Handlexikons kamen in den Handel. Doch man stellte fest, dass in englischer Sprache die Worte anders gelesen als ausgesprochen wurden. So ließen es die meisten doch lieber sein."

Eine andere Zeitzeugin, Renate Schütz, damals wohnhaft in Roßdorf, schreibt im Grundblick, Ausgabe September 2007 über ein Erlebnis:

"Ein paar Tage nach dem Einmarsch der Alliierten tauchte plötzlich ein fremder, unrasierter Mann in unserem Schlafzimmer auf und bat unter Tränen um Asyl. Er hatte sich von den deutschen Truppen abgesetzt und war auf Umwegen durch Gräben und Kanäle zu unserem Haus gelangt. Er flehte uns auf Knien an, ihn nicht auszuliefern. Er hatte den Vorteil, die englische Sprache zu beherrschen. Mit Zivilklamotten versorgt, nach einem Bad und frisch rasiert, bot er sich den Siegern als Dolmetscher an. Er brachte es tatsächlich fertig, dem für das Dorf Roßdorf zuständigen amerikanischen Kommandeur behilflich zu sein. Dieser setzte ihn dann auch noch als "provisorischen" Bürgermeister ein. Wer war da wohl unser Gemeindeoberhaupt? Und war seine Weste weiß, ohne braune Flecken? Keiner wusste, wer er war und woher er kam. Papiere gingen in dieser Zeit verloren oder wurden vernichtet, je nachdem wie es nützte."

Wie beschrieben waren im dörflichen Umfeld Nahrungsmittel zwar vorhanden, aber dennoch herrschte eine Knappheit, die wiederum erfinderisch machte, was Essenszubereitung und Abwechslung betraf. Dazu schrieb Zeitzeugin Renate Schütz im Grundblick, Ausgabe Dezember 2007:

"Die Ähren wurden nun mit einem Prügel auf dem Hackklotz bearbeitet (gedroschen) und im Wind die Körner von der Spreu getrennt. Es war alles sehr mühsam. Dann - wohl dem der eine Kaffeemühle hatte - zu Mehl gemahlen. Nach heutiger Sicht ein gesundes

Getreide. Jetzt hatte man Mehl, aber es fehlten die anderen Zutaten.

Es gab kein Öl, um mal die Mahlzeit mit einem Pfannkuchen zu bereichern, außer Fischtran, der sich als Wolke im ganzen Haus breit machte. Auch Hefe und Backpulver waren Raritäten. Aber der hungernde Mensch entwickelt ungeahnte Fähigkeiten. So wurden als Hefeersatz, Pellkartoffeln mit Zuckerrübenkraut ein paar Tage warm gestellt bis sie gehrten. Die Kraft war ausreichend, damit Kuchen zu backen. Ebenso war das mit dem Fallobst. Da war so ein schönes Gewitter ein guter Gehilfe. Der begleitende Sturm schüttelte die Bäume und diese warfen ihre Früchte ab. Nur, was soll man mit all dem Segen, wenn man nicht dran kam...

Alle die ein Baumgrundstück hatten wollten natürlich keine Mitesser und sicherten die Tore mit großen imposanten Schlössern. Die Schwachstelle war allerdings der Zaun. Um an das Fallobst zu kommen, wurde eine Latte losgehebelt und man stand der ganzen Pracht gegenüber - die Angst erwischt zu werden im Nacken. Einmal erging es mir wie dem Wolf im Hühnerstall. Ich hatte mein Schürzchen zu voll und blieb in der Lücke stecken. Es half nichts - ich musste mich von der süßen Last trennen. Um Obst zu

Traditioneller Platz für die Mädchen: Küche (Foto Dorfmuseum, Grundblick-Archiv)

sammeln standen wir ungerufen und ohne Wecker schon um 4 Uhr auf, um erster zu sein. (...) Auch die jungen Erbsen und Beeren im Hausgarten wurden auf gleiche Weise geerntet. Wir aßen nur die Schoten leer und ließen sie am Strauch. So sah es von weitem aus, dass alles seine Richtigkeit hatte. Als es dann entdeckt wurde und Mutter sich mit den Nachbarn über die dreisten Spatzen unterhielt, konnten wir uns im Hintergrund kaum das Lachen verkneifen."

Der aus Zuckerrüben gekochte Honig wurde als "schwarzes Gold" bezeichnet. Über die Herstellung schreibt Renate Schütz im Grundblick, Ausgabe März 2008:

"(...) Zuckerrüben mussten "besorgt" werden, denn man konnte sie nicht für Geld kaufen. Bei so einer "Besorgung" (das machten Männer) hatten sie eine Begegnung der "dritten Art". Als sie fleißig bei der Arbeit waren, ging auf dem Feld ein Meteor runter und tauchte das ganze Feld in phosphorzierendes Licht. Die Männer waren von der Front viel gewohnt, aber jetzt glaubten sie, das "jüngste Gericht" käme über sie. Deshalb kamen sie an diesem Abend leer nach Hause.

Aber Honig gab es doch. Dafür wurden die Rüben in großen Bottichen gebürstet, im Kessel weich gekocht und anschließend durch die große Kelter gepresst. Den so gewonnenen Saft ließ man nun eine ganze Nacht bei kleinem Feuer und ständigem Rühren köcheln. Es war Sirup fürs ganze Jahr und obwohl ich ihn heute wieder gerne verzehre, damals hing mir das schwarze Zeug zum Halse raus. Die Erwachsenen waren froh am Abend mal abgelöst zu werden und so ergab sich für uns Jugendliche die Möglichkeit, mit den ums Haus streunenden Jungen rumzualbern. Wo Honig gekocht wurde, sprach sich rum. Auch der süße Duft aus den Waschküchenfenstern zog die Burschen an, wie Baldrian die Katzen.

Und nicht nur der Dunst von Honig...

In den Häusern gab es zu dieser Zeit kein Badezimmer und so fand die wöchentliche Baderei in der Waschküche statt. Wenn die Töchter des Hauses zu knackigen Backfischen herangereift waren, streiften die Burschen am Samstagabend wie die Spanner um die Waschküchenfenster, um sich am Anblick der dort Badenden zu ergötzen. Irgendwie gelang es immer, durch eine Ritze oder schlecht verhangenes Fenster dieser Lust zu frönen. Dass sie da waren, konnte man ihren Äußerungen entnehmen. Nun wurden die Fenster noch sorgfältiger abgedichtet."

Flüchtlinge und Vertriebene

Die Aufnahme von Flüchtlingen scheint zu allen Zeiten ein grundlegendes, menschliches Thema zu sein und ist unserer Gegenwart bekanntlich sehr präsent. Die Bedeutung des Asyls als Grundrecht, man könnte sagen als Menschenrecht, ist nicht zuletzt auch durch die NS-Vergangenheit geprägt, wo Menschen vor dem Verbrecher-Regime der nationalsozialistischen Diktatur fliehen mussten und oft genug eben kein Asyl fanden.

In der Nachkriegszeit wurden in der Region Marburger Land zahlreiche Flüchtlinge und Vertriebene aufgenommen - aber oft genug äußerst widerwillig von der einheimischen Bevölkerung. In der Chronik des Dorfes Beltershausen schreibt dazu der Herausgeber Helmut Krause:

"Schwieriger war die Aufnahme und Eingliederung der Vertriebenen. Zwar war schon während des Krieges die Bevölkerungszahl durch die Aufnahme von Evakuierten, vor allem aus dem Kasseler Raum, angestiegen; sie konnten auch jetzt noch nicht in ihre zerbombten Heimstätten zurück. Im Jahre 1946 wurden die Sudetendeutschen gewaltsam aus Heimat und angestammtem Besitz vertrieben und kamen in großen Massentransporten auch nach Hessen. Die Beltershausen zugeteilten Vertriebenen kamen über den Bahnhof Ebsdorf, wurden dort mit den Gespannen der Bauern abgeholt und auf noch vorhandenen Wohnraum und auf die Baracken am Zimmermannsplatz verteilt. Oft mussten die Familien auf verschiedene Quartiere verteilt werden oder hockten in einem Raum zu mehreren Personen zusammen, oft Frauen mit mehreren Kindern und ältere Leute, die Männer waren - wie bei den Einheimischen auch - gefallen oder noch in Kriegsgefangenschaft oder verschollen. Die Alteingesessenen mussten sich den Anweisungen der viel gehassten Wohnungskommission fügen und noch enger zusammenrücken. Ob man sich heute noch eine Vorstellung davon machen kann, wenn mehrere, sich einander fremde Familien, in einer Küche zum Waschen und Kochen trafen, wenn in der "guten Stube" eine sechsköpfige Familie auf Strohsäcken ihr Lager aufgeschlagen hatte? Welche Reibungsflächen es gab, welche Angst vor Krankheiten und Ungeziefer umging? Welche Toleranz gefordert war? Schließlich waren die Neubürger katholisch und sprachen einen anderen Dialekt! Christliche Nächstenliebe und Selbsterhaltungstrieb haben da manchen Konflikt ausgetragen. Die damalige Jugend - wenn man sie befragt - hat die Zeit eher als Abenteuer erlebt und die Konflikte unter den Erwachsenen manchmal überspielt und vielfach gemildert. Damals wuchs die Bevölkerung um mehr als ein Drittel, vergleichsweise noch wenig, denn andere Gemeinden in Hessen hatten sich zeitweise verdoppelt. Der Heutige ahnt, welche Leistung vollbracht wurde, und bedenkt sein eigenes Verhalten, falls er in seinen eigenen Wohnkomfort Fremde aufnehmen müsste.

Die meisten Vertriebenen sind im Laufe der 50er Jahre zu neuen Arbeitsplätzen in städtische Ballungsräume abgewandert, so dass die Bevölkerungszahl fast wieder auf den Vorkriegsstand zurückfiel. Die Zurückbleibenden haben mit Hilfe des Lastenausgleichs die Häuser an der Frauenbergstraße bauen können und sind heimisch geworden."

Die Zeitzeugin Renate Schütz erinnert sich aus kindlicher Sicht an die Flüchtlinge (Grundblick, Sept. 2007):

"Im Jahre 1946 kamen die Transporte mit diesen unglücklichen Menschen in Kirchhain und Marburg an. Bauern mussten sie mit Pferd und Wagen abholen. Sie waren die nächsten, die in Säle und Schulen einzogen, nachdem die Soldaten abgezogen und die Lazaretts aufgelöst waren. Es bedeutete; weiterhin keinen Unterricht. Uns Kindern kam das sehr gelegen, nur nachher in den Berufsschulen merkte man das Defizit.

Nach kurzer Zeit wurden die Angekommenen in Häuser und Höfe eingewiesen, in Räume, die beschlagnahmt wurden. Freiwillig hat sie keiner aufgenommen. Man stelle sich vor: von der Heimat vertrieben, alles liegen und stehen lassen müssen und hier wie Bittsteller empfangen. Sie waren gezeichnet von den Strapazen der langen Transporte und machten nicht gerade einen guten Eindruck. Trotzdem muss es noch sehr wehgetan haben nicht gewollt zu sein. Jedenfalls hatten sie jetzt erst mal ein Dach über dem Kopf, aber damit waren die Probleme längst nicht gelöst. Nun musste die Toilette und der Wasserhahn in der Küche mit den Fremden geteilt werden. Auch hatte man keine Möbel und musste sich längere Zeit mit Apfelsinenkisten und Feldbetten aus Armeebeständen einrichten. Es war für einige die Hölle. Sie waren ihrer Güter beraubt und wurden hier von den Besitzern abgelehnt. Es wurde nicht immer christliche Nächstenliebe praktiziert. Am schlimmsten war für Haus- und Hofbesitzer, dass sich Fremde im Haus während ihrer Abwesenheit aufhielten - konnte man denen trauen? Deshalb war alles mit großen Schlössern abgesichert. Und dann die Kinder! Sie hatten schnell die Strapazen vergessen und gingen auf Entdeckungsreise -

wie Kinder nun mal sind. Ärger war vorprogrammiert. Es dauerte einige Zeit, bis man sich aneinander gewöhnt hatte.

Es gab auch sehr fleißige unter den Flüchtlingen, die sich mit Mithilfe einbrachten. Um all die Bedürfnisse der umherziehenden Menschen zu decken, musste man sich was einfallen lassen. Die neuen Dörfler kamen ja nicht vom anderen Stern und wussten auch aus dieser Situation das Beste zu machen. Im Wald - den wir bis dahin für uns alleine hatten, lag kein Ästchen, der Wald war wie gefegt. Auch auf den Ährenfeldern waren sie als Konkurrenten nicht zu unterschätzen."

Und auch für die Zeitzeugin Gretel Fourier war dies ein Thema - ebenso wie die Kirchenglocke des Dorfes. Im Grundblick, Oktober 2007, schreibt sie:

"Verschollene Angehörige, die gesucht wurden oder Gefundene, konnten sich an allen Rot-Kreuz-Stellen informieren oder die entsprechenden Rundfunksender abhören. Viele Frauen, die während des Krieges in Lazaretten aufopfernde Dienste an Verwundeten geleistet hatten, blieben als Krankenschwestern, oder in anderen Berufen tätig und auch ledig, weil die Männer ihrer Jahrgänge nicht mehr zurückkehrten. Andere gaben ihren Verlobten, die verschiedenartige Kriegsverletzungen, auch den Verlust von Gliedmaßen, davon getragen hatten, unter den Worten "In Freud und Leid, bis dass der Tod euch scheidet" vor dem Traualtar und noch immer unter den Klängen der kleinen Kirchenglocke ihr Jawort. Die große Glocke kam wie viele anderen Dorfbewohner nicht mehr zurück. Doch zurück mussten plötzlich alle ehemals Deutschsprachigen aus den Ostblockstaaten Tschechei, Polen, Pommern, Sudetenland, Ungarn usw. Sie wurden von den jeweiligen Regierungen aufgefordert das Land mit angegebenen Gepäckstücken in wenigen Stunden ohne Zielangabe zu verlassen. Da in dieser Zeit die Nachrichten nur über Radio kamen, in dessen Besitz nicht alle waren, konnte niemand so recht ahnen, was nun diese Flüchtlinge, so wurden sie genannt, auf einmal bei uns wollten. Der Krieg war doch zu Ende!

Was wollten diese Menschen jetzt bei uns, wo doch gerade die Ausgebombten zum Neuaufbau in ihre Städte zurückgekehrt waren? Dementsprechend zeigten die Dorfbewohner ihre Abneigung gegen über den Vertriebenen, so kam es zu einem Aufnahmezwang. Eine Kommission von Einheimischen und Vertriebenen ging von Haus zu Haus, um fest zu stellen ob die Besitzer ein oder auch zwei Zimmer entbehren konnten. Ein Junggeselle hat eine Nacht bei einem Bauern wegen Kälte auf dem Misthaufen verbracht, weil ihn niemand haben wollte. Er hatte einen Buckel und man traute ihm Hexereien zu. Ein anderer Bauer sträubte sich mit Händen und Füßen, fremde Leute in seinem Hof aufzunehmen. Die Kommission setzte alles auf eine Karte und drohte, dass sein Gehöft mit einer Kanone zusammengeschossen werde, falls er am nächsten Tag nicht eine Familie aufnehmen würde. Er hat sie aufgenommen und mit ihnen einen ungewöhnlichen Mietvertrag abgeschlossen. Sie hatten auch für die Möbel einschließlich Sofa, die im Zimmer standen Miete zu bezahlen, obwohl alle Bewohner aufgefordert wurden, den Mittellosen gebrauchte Gegenstände für ihren Hausstand zur Verfügung zu stellen. Der Bauer besuchte jeden Tag nach Feierabend seine Mieter und ruhte sich auf seinem vermieteten Sofa, bis er zu Bett ging, aus. Bei manchen hat es lange gedauert, bis sie diese Mitmenschen akzeptierten, vor allem, wenn sie andersgläubig (katholisch) waren. Sie hatten lange Zeit kein Gotteshaus, erst später wurde eines in Wetter erbaut und auf dem Friedhof fand man für alle auch nicht gleich den richtigen Grabanschluss.

Vier Jahre nach der Geldentwertung wurde von den Verantwortlichen beschlossen, wieder eine zweite Glocke bei der Firma Rinker in Sinn gießen zu lassen. Sie wurde 1952 mit einem Pferdefuhrwerk und Blumen geschmückt ins Dorf gebracht und freudig empfangen. Es fand eine feierliche Einweihung statt. Jetzt sollte sie den Platz der vorhergehenden großen Glocke, die für kriegsdienstliche Zwecke eingeschmolzen und zum Töten von Menschen missbraucht wurde, wieder einnehmen. Bevor sie im Kirchturm auf dem Glockenstuhl ihren Platz fand, sprach der Landwirt Jakob Buchenauer ein paar bewegende Worte zu ihr:

"Glocke! rufe mit ehernem Schall, alle zurück in die Heimat! Die Verwundeten, die Gefangenen, die Vermissten, unsere Väter, unsere Söhne, unsere Brüder aus Russland, all!"

Die neu angekommene Glocke läutete zum ersten Mal am 08. Dezember 1952 zum ersten Adventsonntag."

Am Beispiel Beltershausen gibt es auch die Sicht eines damaligen Flüchtlings, ein Kind, Walter Fischer, zusammengetragen in dem Nachtrag zur Dorfchronik Beltershausen von Helmut Krause. Dort sind die Erlebnisse von Walter Fischer vollständig nachzulesen, herausgegeben von der evangelisch-lutherischen Kirchengemeinde Beltershausen. Wir zitieren einige Auszüge, um die Eindrücke zu veranschaulichen:

"Es war eine lange Fahrt im

Viehwaggon gewesen, eine Fahrt ins Ungewisse, damals im März 1946. Heraus aus dem Egerland, einem unbekannten Ziel entgegen. Bei den Erwachsenen überlagerte sich die Trauer um den Verlust der Heimat, die Sorge um verschollene Angehörige mit der Hoffnung auf eine etwas sicherere Zukunft, eine Zukunft ohne Angst vor nächtlichen Plünderungen oder Überfällen.

Für uns Kinder dagegen war das Ganze nur ein riesiges Abenteuer. Durch Ritzen in der Wagenwand versuchten wir, etwas von der vorbeihuschenden Landschaft zu erspähen.

Große Beruhigung als der Zug das erste Mal in Hof in Bayern hielt. Man war in Deutschland, zumindest ging die Fahrt nicht nach Osten. Die heiße Suppe vom Roten Kreuz schien wie ein Versprechen auf ein besseres Morgen. Die Erwachsenen liefen nach vorne zur Lok. Dort lief an einer Stelle warmes Wasser heraus. Das wurde aufgefangen, um sich damit zu waschen. Uns Kindern erschien das ein absolut überflüssiger Luxus. Jetzt schwirrten die Gerüchte. Wo kommen wir hin? Nach einigen Zwischenaufenthalten wussten plötzlich alle: Wir kommen nach Marburg.

Marburg? Wo liegt das? Die Geographiekenntnisse waren nicht besonders groß im Waggon. "Das liegt in Hessen!" wusste einer. Viel half das nicht weiter, aber egal, man würde sehen.

Wohnbaracke einer sudetendeutschen Familie nach dem Krieg in Beltershausen (Foto: Nachtrag Beltershausen-Chronik, Grundblick-Archiv)

Es war später Nachmittag, als wir in der Universitätsstadt ankamen. Am Südbahnhof wurde der Zug hin- und her rangiert, bis er auf dem Gleis der Marburger Kreisbahn stand.

Genügend Zeit und gerade noch eben genügend Tageslicht, um einen ersten Eindruck von der neuen Heimat zu gewinnen.

Ein Glück, wenigstens gab es Berge. Und Wald war auch da, also doch etwas Vertrautes.

In die hereinbrechende Nacht hinein ging die Fahrt. Die Namensschilder der Bahnhöfe wurden begierig gelesen. Wo würden wir anhalten? Später, als ich regelmäßig nach Marburg zur Schule fuhr, würden sie mir alle vertraut sein, jetzt waren sie neu und aufregend: Cappel, Ronhausen, Bortshausen und dann: Ebsdorf. Ebsdorf: Endstation.

Alles aussteigen, die mitgebrachte Habe entladen. Viel war es nicht. Das gesamte Gut einer Familie füllte gerade mal ein halbes Pferdefuhrwerk.

(...)

Dann die Ankunft in einem fremden Haus, eine kurze Begrüßung, erstes gegenseitiges Beschnuppern, schnell die paar Sachen ins zugewiesene Zimmer geschafft, dann ab in die Falle, ein großes massives Holzbett mit einem Strohsack. Nicht allzu weich, aber nach Sommer und Feldern duftend. Ich schlief herrlich, nach Tagen das erste Mal wieder in einem richtigen Bett.

Dann ein neuer Tag voller Abenteuer und Entdeckungen. Wie hießen die Leute überhaupt, bei denen wir zu nachtschlafender Zeit hereingeschneit waren? "Ihr kommt zu Stautze", hatte gestern Abend der Fuhrmann gesagt. Also begrüßte meine Mutter die Hausherrin als Frau Stautze. Die lachte. "Wir heißen Elmsheuser, Stautze ist der Dorfname."

Das war neu für uns, das System der Dorfnamen gab es im Egerland nicht. Vorsichtig erfragten wir, ob denn auch niemand beleidigt sei, wenn man ihn mit seinem Spitznamen anredete. Nein, das seien keine Spitz- oder Spottnamen, das seien eben Dorfnamen. Die gehörten zum Haus oder Hof, und die Menschen, die dort wohnten, wurden eben nach diesem Haus benannt.

Da gab es also Stautze und Zilitze, Obere- und Untere Gehann Pälesse, Dicke Sauersch und Dünne Sauersch, Rachmanns und Hann Dälersch, und Aal Schouls (die in der alten Schule). Da gab es Hosse, den größten Bauern im Dorf und Schicke, dessen Hof nicht viel kleiner war.

(...)

Der Zuzug der Vertriebenen hätte trotz ihrer großen Zahl die Sozialstruktur des Dorfes nicht im Kern verändert - es waren halt ein paar "Geringe Leut" mehr - wäre da nicht ein besonderer Umstand gewesen: Durch die Vertreibung und den Verlust ihres Eigentums war diesen Menschen deutlich vor Augen geführt worden, wie unsicher materieller Besitz sein kann. Umso wertvoller wurde im Vergleich dazu das persönliche Können, das nicht als Immobilie oder auf dem Bankkonto vorhanden war, sondern mittels einer guten Ausbildung zu einem Wert wurde, den weder Diebstahl noch Vertreibung wegnehmen können.

So geschah etwas bis dahin Unvorstellbares. Ausgerechnet die Ärmsten im Dorf, die noch nicht einmal eine kleine Hütte ihr Eigen nannten, machten Anstalten, ihre Kinder auf weiterführende Schulen zu schicken. Das führte zu erheblichem Aufsehen. Meine Mutter wurde auf die Gemeindeverwaltung zitiert, und man versuchte, ihr diese verrückte Idee auszureden. Zu allem Überfluss musste damals eine Gemeinde, wenn einer ihrer Bürger die Schule in der Stadt besuchte, an diese noch eine Zahlung leisten als Ausgleich für die Kosten der Beschulung. Und das ausgerechnet für einen "Neubürger", der doch eigentlich gar kein richtiger Beltershäuser war. Das konnte doch wohl nicht angehen. Und außerdem: Wo sollte das hinführen, wenn ausgerechnet die Flüchtlingskinder hinterher als "Studierte" "am Ruder saßen"? Sollen unsere Kinder dann vielleicht für die die Dreckarbeit machen?

Nun, meine Mutter war in den schweren Jahren der Kriegs- und Nachkriegszeit hart geworden und ließ sich nicht herumkriegen. Mit mir versuchten noch andere Kinder von Heimatvertriebenen die Aufnahmeprüfung an einer Marburger Schule. Etliche schafften es, und der Gedanke griff rasch über auf alteingesessene Beltershäuser, meist sogenannte "Geringe Leut".

(....)

Eine andere gefährliche Art des Broterwerbs war das Sammeln von Schrott. Davon gab es ja nun im Nachkriegsdeutschland wirklich genug, darunter auch jede Menge Munition und Sprengmittel verschiedenster Art. Noch zu der Zeit als ich nach Marburg zur Schule ging, also 1948, lag am Waldrand bei Cappel das Wrack eines Schützenpanzers. Solche Dinge enthielten dringend gebrauchte Rohstoffe, und besonders mit sogenannten Buntmetallen, also Kupfer und ähnlichem, konnte man einen bescheidenen Gewinn erzielen. Was lag näher, als sich daran zu machen, das Gut zu bergen.

Da der Mensch nach der ihm eigenen verqueren Logik vor allem jene Dinge besonders dauerhaft konstruiert, die der Vernichtung dienen sollen, war in Bomben und Granaten viel Kupfer und Messing enthalten, es waren also besonders lohnende Objekte.

Auch in Beltershausen gab es mindestens einen solchen Wagemutigen.

Wilhelm S., ebenfalls ein Heimatvertriebener, wohnte in einem der Behelfsheime am Zimmerplatz. Mit seinem Handwägelchen, darauf das Werkzeug, zog er morgens los, meist in Richtung Hof-Capelle, wo er im Wald seine Beute suchte und zerlegte. Nachmittags brachte er die entschärften Dinger nach Hause. Wenn dann der "Schrott-Otto" durchs Dorf kam, gab es bei Wilhelm ein Stück Fleischwurst und eine Flasche Bier extra.

Einmal freilich war das Problem mit den mitgeführten Bordmitteln nicht zu lösen. Sorgfältig zugedeckt, damit es im Dorf keinen Aufruhr gab, brachte Wilhelm eine scharfe Granate mit nach Hause. "Nimm den Jungen und geh spazieren!" sagte er zu seiner Frau, "aber mindestens bis zu Weierts Scheune. Und wenn du es hier krachen hörst, brauchst du gar nicht mehr zurückzukommen!". Dann machte er sich an die Arbeit.

Es krachte nicht, und vermutlich hat die obligatorische Flasche Bier an jenem Tag besonders gut geschmeckt.

Aber auch ungefährlichere Dinge wurden fleißig zusammengetragen.

Immer schon wurden in den ärmeren Gegenden Deutschlands Waldfrüchte aller Art gesammelt. Pilze sammeln war im Egerland nicht nur Nahrungserwerb, sondern auch ein beliebtes Freizeitvergnügen gewesen. Zu unserem Erstaunen stellten wir fest, dass die Leute in Beltershausen eigentlich nur den Wiesenchampignon und den Hallimasch als Speisepilze kannten. Die kannten wir wiederum nicht, statt dessen Steinpilz, Pfifferling, Rotkappe, Maronenröhrling, Sandpilz, Ziegenlippe und und und ... So lernte eben einer vom anderen.

Pilze wurden auf vielfache Weise zubereitet: In der Suppe, als Pilzgemüse, gebraten, gedünstet, als Gulasch (statt Fleisch), große Köpfe von Steinpilzen konnte man im Ganzen panieren und wie ein Schnitzel braten. Für den Winter konnte man Pilze in Gläsern einkochen. Häufiger allerdings wurden sie auf Fäden aufgereiht oder auf Backblechen ausgelegt, an der Luft getrocknet und in Leinenbeuteln aufbewahrt, Fertigkeiten, die in unserer Zeit, da wir das ganze Jahr über frische Lebensmittel erhalten, weitgehend vergessen sind."

Eine neue Heimat für Flüchtlinge

von Patricia Kutsch

Mit dem Ende des Zweiten Weltkriegs verloren unzählige Menschen ihre Heimat. Sie wurden vertrieben, evakuiert oder mussten flüchten. Um ihnen ein Dach über dem Kopf zu geben, wurden viele Flüchtlinge in den Häusern fremder Familien einquartiert, wohnten mit ihnen unter einem Dach. In Ebsdorf wurden in 146 Anwesen Menschen einquartiert. Mehr als die Hälfte der Flüchtlinge und Vertriebenen wurden schließlich dauerhaft neue Ebsdorfer.

Welche Familien wo untergebracht wurden, hat der Heimat- und Verschönerungsverein von Ebsdorf detailliert herausgearbeitet - sie konnten dafür zurückgreifen auf im Original erhaltene Pläne und Grundrisse. Der Flüchtling Karl Sprengel war damit beauftragt, aufzuzeichnen, wie viele Menschen in den Häusern wohnen. Viele Ebsdorfer erinnern sich noch heute an die plötzlichen Mitbewohner, berichten aber auch, dass es auch nach dem Auszug der Flüchtlinge noch viele Jahre Kontakte gegeben habe.

Eine dieser Pläne zeigt etwa das Anwesen der Familie Kornmann in der Kirchgasse. Karl Sprengel hatte den Grundriss aufgezeichnet und alle Räume samt ihrer Nutzung erfasst. Daraus geht hervor, dass die Familien Kornmann und Breitstadt im Obergeschoss ihre Schlafstuben hatten. Dort gab es auch eine Speisekammer, direkt am Kaminschacht - "dort wurde die Wurst geräuchert", erinnert sich Peter Kornmann. Im Parterre gab es eine Abstellkammer, die Küche, ein Wohnzimmer, eine kleine Schlafstube für das Dienstpersonal, sowie ein 17,9 Quadratmeter großes Zimmer mit dem Vermerk "Wohnung Ehepaar Mosch". Dieses Paar wurde bei der Familie Kornmann in der Nachkriegszeit einquartiert.

Anleitung für Flüchtlinge

Der Minister für Arbeit und Wohlfahrt des Groß-hessischen Staatsministeriums, Oskar Müller, hatte 1946 eine Anleitung herausgegeben, in der die "Ostflüchtlinge" begrüßt und ihnen Ratschläge gegeben wurden. Darin heißt es etwa: "Tage voller Elend und Not liegen hinter Dir und rechtfertigen Deinen Wunsch, nunmehr einer besseren Zukunft entgegenzusehen." Das Schreiben weist darauf hin, dass das Land durch den Krieg stark zerstört wurde, Wohnraum und tägliche Versorgungsgüter knapp sind. Zu diesen Problemen kommen nun noch 610 000 Ostflüchtlinge nach Groß-Hessen.

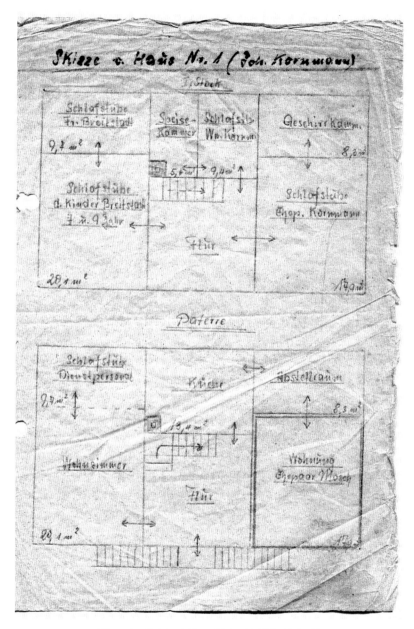

Einer der Originalpläne (Foto: Patricia Kutsch)

"Die Bevölkerung (...) ist von eurem Kommen unterrichtet und hat sich zur Aufnahme vorbereitet. Ihr kommt als Flüchtlinge zu uns. In gegenseitigem Einvernehmen wird es möglich sein, dass ihr euch recht bald - zur neuen Heimat gehörig - wohl und geborgen fühlt. Wenn auch euer Schicksal das Härteste zu sein scheint, bedenkt, dass das Schicksal der großhessischen Bevölkerung ebenfalls kein leichtes ist. (...) fügt euch in den neuen Aufbauprozess ein."

Das Schreiben informiert die Flüchtlinge zudem, dass sie an der Grenze desinfiziert, untersucht und registriert werden, bevor sie zu einer Auffangstelle gebracht werden. Unter Berücksichtigung von Konfession und Berufsgruppe solle dann der neue Wohnort zugeteilt werden. "Du wirst in die Gemeinde aufgenommen, hast keine besonderen Vorrechte, aber die gleichen Pflichten jedes Gemeindeangehörigen", hieß es abschließend.

Willkommenskultur in Ebsdorf

Die Ebsdorfer bereiteten für die Flüchtlinge 1946 eine Weihnachtsfeier im Saal der Gaststätte Justus Weidemüller vor. Else Hedderich berichtete den Ebsdorfer Heimatforschern, dass Ende November in der Schule Kinder gesucht wurden, die bei der Weihnachtsfeier etwas vortragen sollten. Sie selbst sollte Gedichte vortragen und das Christkind darstellen. Else Hedderich war damals zwölf Jahre alt, bekam ein umgenähtes Nachthemd und Flügel aus Pappkarton für ihren Auftritt von ihrer Mutter gezaubert. Der Saal bei Justus Weidemüller war zur Weihnachtsfeier voller Mütter mit ihren Kindern - die Väter fehlten, "waren oft noch in Gefangenschaft". Ein Herr Fuhrmann war damals der Beauftragte für Flüchtlinge und sprach zur Begrüßung, wie sich Else Hedderich erinnerte. "Dann wurden Weihnachtslieder gesungen und viele Frauen weinten. Das habe ich damals noch nicht verstanden, da wir doch zu Hause immer ganz fröhlich waren beim Weihnachtslieder singen." Die junge Ebsdorferin selbst war sehr begeistert, denn vier Flüchtlingsfrauen sangen mehrstimmig ihr völlig unbekannte Weihnachtslieder: "Aber heitschi bum beitschi" und "Mamatschi, schenk mir ein Pferdchen". Zum Abschluss durfte Else Hedderich die Flüchtlingskinder beschenken mit Äpfeln, Erdnüssen, Keksen und Schokolade. Sie selbst bekam auch erstmals Schokolade. "Es war ein Hochgenuss für mich."

Katharina Bender erinnerte sich an "Tante Emma", Emma Sprang. Sie schrieb über die Ostpreußin, die "hier in Ebsdorf mit ihrer Schwägerin bei meiner Schwester einen kleinen Ersatz für die verlorene Heimat gefunden hatte". Emma Sprang wurde im November 1945 aus ihrer Heimat ausgewiesen, neun Wochen in Viehtransporten gefahren. Am 29. Dezember 1945 kamen sie in Ebsdorf an. "Das muss man sich einmal vorstellen, was diese Menschen alles durchgemacht haben", schließt Katharina Bender ihren Bericht über die Flüchtlinge ab.

Ein schwerer Neuanfang

Einige der Vertriebenen wollten sich in Ebsdorf mit einem eigenen Gewerbe eine neue Existenz aufbauen. Das Archivteam des Heimat- und Verschönerungsvereins hat diese Firmengründungen zusammengetragen. Eine detaillierte Liste zeigt auf, dass viele Gewerbe sich nicht lange gehalten haben. Friedrich Hönicke hat im März 1943 eine Schuhmacher-Reparaturwerkstatt angemeldet und einen Monat später wieder abgemeldet. Im Juli hat er das Gewerbe wieder angemeldet. Werner Gaida hat im Haus mit der Nummer 138 im ersten Stockwerk ein Geschäft für Lebensmittel, Back- und Eisenwaren und Küchengeräte angemeldet. Elisabeth Scheidemann hat mit Flaschenbier und Selterswasser gehandelt - ihr Gewerbe meldete sie am 1. Oktober 1949 an. Hildegard Ziegler eröffnete im selben Jahr ein Damenschneidergewerbe, meldete es aber im März 1950 wieder ab. Ernst Sohl hatte bis Dezember 1950 eine Fahrrad-Reparaturwerkstatt.

In langen, möglichst ausführlichen Listen hat das Archivteam nicht nur die Gewerbe zusammengetragen, sondern auch die Namen der Flüchtlinge und deren Herkunftsorte. Sie führen Gespräche mit Zeitzeugen und suchen immer wieder Menschen, die sich erinnern, und helfen können, die Listen zu vervollständigen.

(Quelle: Heimat Ebsdorf - die Folgen von Krieg für Menschen in Ebsdorf und überall. Broschüre des Heimat- und Verschönerungsvereins)

Das Vereinsleben kam wieder in Gang

Das kulturelle Leben auf dem Dorf hatte sich vor dem Krieg sehr wesentlich in den örtlichen Vereinen abgespielt. Praktisch jeder Dorfbewohner war in mindestens einem Verein Mitglied, sei es Sport- oder Gesangverein, Feuerwehr oder Schützenverein. Besonders in den 1920er Jahren war sehr viel neues im Vereinsleben entstanden und war dabei, weiter zurückliegende Traditionen, wie zum Beispiel die Spinnstube, zu ersetzen, welche auch der Anbahnung von Eheschließungen diente. In der Nazizeit erfolgte eine Gleichschaltung der Vereine, zu der sich in der Regel auch kaum Widerstand regte, im 2. Weltkrieg erlahmte dann in der Regel jegliche Vereinstätigkeit.

Nach dem Krieg waren die Menschen zunächst mit anderen, grundlegenderen Dingen beschäftigt, als sich mit Vereinsleben zu beschäftigen. Außerdem war von den Alliierten zunächst auch keine Vereinstätigkeit erlaubt. Doch schon recht schnell regte sich wieder das Verlangen Vereine neu zu gründen und nach und nach wurde dies auch wieder in unserer Region genehmigt. Beispielhaft dazu ein Auszug aus der Chronik des Gesangvereins "Cäcilia Schröck":

"Nach dem Krieg 1945 war jegliche Vereinstätigkeit verboten, zumal auch für alle Bewohner durch die Anordnung von Sperrstunden der Aufenthalt auf der Straße und die Ansammlung von mehr als drei Personen verboten war. Da die Männer nur in geringer Zahl am Singen teilnehmen konnten, lag die Gesangsarbeit zunächst mehr beim schon 1946 wieder entstandenen Kirchenchor.

Am 23. Januar 1948 konnten die Singstunden im Männerchor wieder aufgenommen werden, die zunächst mit dem Kirchenchor am gleichen Abend im Saal Nau (Reinse) stattfanden.

Nach der Sommerpause (Erntezeit) beteiligte sich der Männerchor an der Arbeit des Kirchenchores für die Aufführung des "Elisabeth-Oratoriums". 1949 erwarb der Verein das gebrauchte Klavier von Herrn Vitus Heinze, da das 1934 angeschaffte Harmonium den Dienst versagte. Im Juli 1949 nahm der Männerchor am 1. Wertungssingen der Gruppe Zwester Ohm in Leidenhofen in der Volkshalle teil. In echter Harmonie und edlem Wetteifer unterstützte sich in der Folgezeit der als "Gemischter Chor" in den Männergesangverein übernommene Kirchenchor in der Gesangsarbeit, im Singen von Chorwerken für gleiche und gemischte Stimmen.

Auch an die Aufführung von Theaterstücken wurde gedacht. Nicht zu vergessen sind die Stücke

Vereinsleben kam wieder in Gang... Theatergruppe des Gesangvereins Schröck 1949 (Foto: Festschrift „Cäcilia" Schröck 1993, Grundblick-Archiv)

"Wenn eine Mutter betet für ihr Kind", das Liederspiel "Unter dem Lindenbaum" und "Heimatklänge"."

Der Turn- und Sportverein Wittelsberg (TSV), mit Schwerpunkt Fußball, beschreibt in seiner Chronik ebenfalls die ersten Jahre nach dem 2. Weltkrieg:
"Im Spätsommer 1945, nach diesem verheerenden Krieg, wurden erste Versuche unternommen, mit dem runden Leder wieder Sport zu treiben. Unter dem Druck der damaligen Besatzungstruppen stehend, fanden sich einige mutige Männer, die vorsichtige Schritte zur Vereinsbildung unternahmen. Heinrich Hartung und Konrad Fischer erwirkten bei der Militärregierung die Wiedergründung des Vereins. Bei der Gründungsversammlung waren 50 Personen anwesend, die den neuen Vorstand wählten: 1. Vorsitzender Heinrich Hartung, 2. Vorsitzender Konrad Fischer, Schriftführer Heinrich Peil, Kassenwart Hans Hormel: Diese gewählten Vorstandsmitglieder konnten erst nach erfolgter Überprüfung durch die Militärregierung ihre Arbeit auf-

nehmen. Damit waren die größten Schwierigkeiten noch nicht überwunden. Die Jugend wollte Fußballspielen, aber es fehlte an allem. Die Beschaffung von Fußbällen, Schuhen, Trikots usw. schien unmöglich. Aber wo ein Wille ist, ist auch ein Weg.

Aus Fahnentuch, das noch reichlich vorhanden war, wurden Trikots und Hosen genäht. Fußballschuhe und Bälle erwarb man im damals blühenden Tauschhandel. In wenigen Wochen wurden zwei Fußballmannschaften aufgestellt und die ersten Freundschaftsspiele mit den Nachbarvereinen durchgeführt.

Wohl wurde dem Verein von der Gemeinde ein Sportplatz zur Verfügung gestellt. Dieser entsprach aber keineswegs den Erfordernissen, noch weniger den Bestimmungen. Beim Ausbau des Platzes im Jahre 1932 griffen die Vereinsmitglieder zu Hacke und Schaufel, um eine einigermaßen brauchbare Spielfläche herzustellen. Auch die Jugendlichen wollten nun den "Großen" nacheifern und so wurden 1947 je eine Schüler- und Jugendmannschaft gebildet. Selbst die weibliche Jugend wollte nicht nachstehen und begann mit dem Handballspiel.

Da es an Interesse mangelte, konnte allein der Turnbetrieb nach verheißungsvollem Beginn nicht aufrechterhalten werden. Im Gegensatz dazu nahm der Spielbetrieb bei den Fußballern nun mehr und mehr Fahrt auf. In Freundschaftsspielen maß man seine Kräfte auch mit höherklassigen Gegnern. Gegen die Sportvereinigung 1900 Gießen und den FC Styrum musste man aber deutlich Federn lassen.

In den folgenden Jahren nahmen Sportler unseres Vereins sogar an leichtathletischen Wettkämpfen teil."

Bei den Feuerwehren kam nach dem Krieg noch ein Phänomen hinzu, "es wollte niemand mehr eine Uniform tragen, viel weniger Dienst für den Nächsten tun", wie es in der Chronik der Freiwilligen Feuerwehr Wittelsberg formuliert wurde. So gab es in einzelnen Dörfern zum Teil kurze Zeit eine Pflicht-Feuerwehr, bis auch hier zumeist in den letzten Jahren vor Gründung der Bundesrepublik 1948/49 Freiwillige Feuerwehr-Vereine entstanden. In Kassel gab es die Landesfeuerwehrschule, wo die Aktiven das nötige Rüstzeug für den Brandschutz erhielten. In dieser Zeit entstanden auch Geräteräume, nicht selten im Zusammenhang mit den dörflichen Feuerlöschteichen.

Auch die traditionelle Kirmes wurde wenige Jahre nach dem Ende des Krieges wieder aufleben lassen. So in Bellnhausen, heute Ortsteil der Gemeinde Fronhausen/Lahn. In dem "Bildband Bellnhausen - ein Rückblick auf Land und Leute", herausgegeben vom Heimat- und Kulturverein Bellnhausen 2002 e. V., dokumentieren Fotos die erstmals wieder 1949 veranstaltete Kirmes. Für den Umzug durch das Dorf wurden von Ochsen gezogene Wagen festlich geschmückt, man sieht auf den Fotos junge Leute in Tracht, einige auf Pferden, andere auf geschmückten Fahrrädern und so zog sich der Festumzug in langer Reihe durch die Hauptstraße des Dorfes. Man zeigte wieder das "normale Leben" und dazu gehörte auch das Feiern in traditioneller Form.

Nachkriegszeit. Es begannen wieder Dorffeste (Foto: aus "Bildband Bellnhausen", Grundblick-Archiv)

II
Sissy, Elvis und der Sportverein...
Die 50er Jahre auf dem Dorf

Denkt man an die 1950er Jahre, dann ist meist vom "Wirtschaftswunder" die Rede, von Rock'n Roll, Reisen nach Italien, oder Pettycoat, Lederjacke und natürlich "das Wunder von Bern". In Mode kamen Jeans und Capri-Hose, im Kino sah man "Sissi", "Die Halbstarken" oder "Die Saat der Gewalt", hörte Hits aus Amerika oder Caterina Valente. Und man fuhr in Urlaub. Sogar über die Grenzen Deutschlands hinaus, über die Alpen nach Italien, "Dolce Vita"...

Gab es das alles auch bei uns auf dem Dorf?

Im folgenden Kapitel soll die Zeit der "50er" unter verschiedenen Aspekten beleuchtet werden, die mit der Realität auf dem Dorf zu tun haben. Dazu gehören auch Berichte und Fotos von Zeitzeugen, die in Form einer Serie in den Zeitschriften "Grundblick", "Burgblick" und "Lahnblick" abgedruckt wurden. Im Mittelpunkt steht dabei das "wirkliche Leben", nicht dass, was wir als Bild von der „50ern" aus den Medien vor Augen haben.

Der politische Rahmen - auch für unsere dörfliche Region - hieß "Bundesrepublik Deutschland".

Gerade erst gegründet (1949) bildete unser Staat die Bedingungen der rasanten Entwicklungen dieser Jahre. Es entstand eine föderale, parlamentarische Demokratie, in der die Marktwirtschaft wachsen konnte. Amerika - die USA - hatte Westdeutschland als Markt der Zukunft entdeckt und gleichzeitig als Bastion gegen "das Böse im Osten". Wenige Kilometer östlich von unseren Dörfern lag der "eiserne Vorhang", die "Zonengrenze", Merkmal des Kalten Krieges zwischen USA und UdSSR und ihren jeweiligen Verbündeten.

Im Laufe der Jahre wurde der Mann mit der Zigarre (Wirtschaftsminister Ehrhard) zum Sinnbild für Aufschwung. Glück gehabt?

Was davon bekam man bei uns auf dem Dorf hautnah mit? Waren es vielleicht die sogenannten "Heimatvertriebenen", die zu Mitbürgern wurden, durch die man politische Entwicklungen spürte?

In der Nachkriegszeit ging es der ländlichen Bevölkerung sicher nicht so existentiell schlecht wie der Stadtbevölkerung, dennoch waren die Auswirkungen des 2. Weltkrieges bei weitem gravierender als etwa nach dem 1. Weltkrieg. Hatte man damals noch den Eindruck, das Dorfleben ginge sozusagen unbeeindruckt vom Weltgeschehen einfach weiter, so hatten schon die Nationalsozialisten deutlich Einfluss auf das Dorfleben genommen und so begann nach dem 2. Weltkrieg auch auf dem Dorf ein Neuanfang.

Vielleicht war der materielle Druck nicht ganz so massiv wie anderswo, so dass der Neuanfang im Wesentlichen darin bestand, die alten, brach liegenden Dorfstrukturen wieder aufzubauen: das bäuerliche, handwerkliche Arbeitsleben, das Gesellige der Vereinsaktivitäten, die Kultur der alten Bräuche, Trachten, Überlieferungen. Man hatte wieder etwas Ruhe von der großen, fernen Politik. Vielleicht interessierte deshalb das "neumodische" auch nicht allzu sehr - oder doch?

Auf jeden Fall hatte man in der übergeordneten wirtschaftlichen Aufbruchsstimmung keinen Platz für das Nachdenkliche. Schon gar nicht für eine selbstkritische Beschäftigung mit den Verbrechen des Nazideutschland. Das war "vergessen und vorbei". Nicht nur im fernen Bonn hatten blitzschnell ehemalige Naziverbrecher wieder politische und wirtschaftliche Macht... Aber das interessierte nur wenige und es sollte noch lange dauern, bis diese Entwicklungen auch z. B. in Chroniken kritisch beleuchtet wurden.

In den Städten war die Zeit geprägt von einem Generationenkonflikt. Die Jugend wollte Aufbruch und Fortschritt, sich "austoben" beim Rock´n Roll, sich identifizieren mit den "Rebellen" wie James Dean oder Marlon Brando. Für die Älteren waren Sparsamkeit, Fleiß, materielle Werte dominierend.

Gab es solche Konflikte auch bei uns auf dem Dorf? Wie verbrachten die Jugendlichen ihre Freizeit? Immer schön zu Hause, oder engagiert in den wieder auflebenden Vereinen? Oder gab es auch hier Tanzabende, bei denen "Halbstarke" mit Lederjacke wie Elvis die Hüften kreisen ließen?

Kirmes und Tanzübungen

Wie mit Fotos aus Bellnhausen dokumentiert, lebte die traditionelle Kirmes schon wenige Jahre nach Kriegsende wieder auf. Hierbei unterschieden sich die Traditionen in den katholischen und evangelischen Dörfern. Wie auf den Fotos vom "Bildband Bellnhausen" zu sehen, wirkte die sozusagen evangelische Kirmes eher locker, improvisiert, man nahm was man hatte - Fahrräder, Ochsenwagen - schmückte, zeigte sich, feierte (siehe Seite 27). In den wenigen katholischen Dörfern der Marburger Region - rund um die Amöneburg - hatte und hat die Kirmes einen höheren Stellenwert, stand in enger Verbindung mit der katholischen Kirche. Vielleicht bedingt auch die Stellung als katholische Enklave in einer stark protestantisch dominierten Umgebung die besondere Wertschätzung der Traditionen. Ein Phänomen, was ja nicht nur im katholischen Kontext, bis heute immer wieder zu beobachten ist.

Über eine solche Kirmes im September in den 50er Jahren erinnert sich die im katholischen Roßdorf aufgewachsene Renate Schütz im Grundblick, Ausgabe Mai 2008:

"In diesem Monat ist die Kirmes ein wohlverdientes Fest, nach all der Mühe und Plage im Sommer. Am Sonntag vor der weltlichen Feier, wurde das Patrocinium unserer Marienkirche begangen. An diesem Kirchenfest ging die ganze Gemeinde zum Abendmahl.

In der folgenden Woche herrschte rege Betriebsamkeit. Weil an dem Kirmestag mit Besuchern aus nah und fern zu rechnen war, wurde Haus und Hof auf Hochglanz gebracht. Auch die, die weggezogen oder weggeheiratet hatten, kamen zu diesem Fest nach Hause. Das Putzen war auch vonnöten, denn während der Erntezeit wurde das Haus etwas vernachlässigt. Die Ernte ging vor, war man doch vom Wetter abhängig. Auch die Gräber auf dem Friedhof mussten hergerichtet werden, denn am zweiten Kirmestag gingen alle - auch heute noch - zum Friedhof, um der Toten zu gedenken.

Da musste so manch einer aus den Federn und stand blass und übernächtigt, sich kaum auf den Beinen haltend, in den Reihen der Betenden. Man sah ihnen an, dass sie sich in der Nacht zu lange am Glas festgehalten hatten und den Weg ins Bett nicht fanden.

Aber man war dabei und der Herrgott wird schon das mühsame "Haltung bewahren" als Opfer anerkannt haben. Einiges dieses Berichts ist bis heute erhalten.

Früher war auch an solchen Tagen im Backhaus Betrieb. Vom Ortsdiener wurde ein Zettel mit den

"Backreihen" (Liste) an die Tür genagelt und so wusste jeder, wann er an der Reihe war. Das konnte bis spät in die Nacht gehen. Von weitem waren auch schon die Äpfel- und Zwetschgenkuchen zu riechen."

Für die jungen Leute stand natürlich auch damals schon das Feiern als solches im Mittelpunkt, dafür gab die Kirmes den Anlass. Aber auch dafür gab es strenge Regeln. Wenn es Sonntagnachmittag im Tanzsaal hoch her ging, musste man mindestens 18 sein, um mitmachen zu können. Bedauernd schreibt Renate Schütz: "Ansonsten waren wir nur Zaungast und hingen wie die Trauben an den oft schlecht einsehbaren Fenstern, um zu sehen, was da ohne uns abging. Arbeiten durften wir schon wie und mit den Erwachsenen - beim Feiern waren wir zu jung und ausgeschlossen - es war schier zum Verzweifeln!" Und weiter beschreibt sie einen sehr individuellen Tanzkurs im Holzschuppen:

"Um dann, wenn man das zulässige Alter hat, bereit zu sein, wurde Tanzen im Schuppen einstudiert. Wir teilten uns in zwei Gruppen, eine die den musikalischen Part übernahm, während die anderen das Tanzbein schwangen. Tagelang hörte man aus dem Schuppen "Ich tanze mit dir in den Himmel hinein" für langsamen Walzer und "Sehste nit do kimmte" für Rheinländer. Tango und Fox-Schritte machten wir sonntags beim Spazierengehen. Zwei Schritte vor - zwei zurück - Hurra, es klappte."

Festzug in Mardorf 1951 (Foto: Festschrift MGV Mardorf 2001, Grundblick-Archiv)

Aus Turnen wird Fußball - die Sportvereine

Wenn man an die 50er Jahre und Fußball denkt, kommt einem sofort das "Wunder von Bern" in den Sinn. Der Gewinn der Weltmeisterschaft für Deutschland kurz nach dem 2. Weltkrieg hat neben seiner politischen Bedeutung sicherlich auch für den Fußball selbst einen riesigen Schub gebracht. Doch unabhängig davon, hatten sich in unseren Dörfern schon zahlreiche Sportvereine mit dem Schwerpunkt Fußball neu belebt.

Um nach dem Krieg überhaupt wieder als eigenständiger Verein tätig sein zu können, musste vor der Gründung der Bundesrepublik eine Genehmigung bei der Militärregierung eingeholt werden. In der Chronik des TSV Wittelsberg z. B. heißt es dazu u. a.: "... am 11.1.1946 wurde die Neugründung vollzogen. Der Verein nannte sich aber jetzt "Turn- und Sportverein". Damit der gewählte Vorstand seine Arbeit aufnehmen konnte, mussten sich die Vorstandsmitglieder einer Überprüfung ihrer Person durch die Militärregierung unterziehen."

Wie in den meisten Sportvereinen, die ursprünglich hauptsächlich vom Turnen kamen, stand der Fußball im Mittelpunkt. Doch auch die Gründung einer weiblichen Handballmannschaft gab es nicht nur in Wittelsberg. Die Weiterführung des Turnbetriebes dagegen funktionierte nur noch in wenigen Vereinen in der Region. Neben Wiederaufnahmen von bestehenden Vereinen, gab es auch Neugründungen, wie zum Beispiel die SG Fronhausen. In deren Chronik heißt es u. a.: "Fußball wurde schon in 1945 gespielt, zunächst mehr freundschaftlich und ohne Punkte, bis im Februar 1946 die erste Punktrunde in einer B-Klasse begann. Gespielt wurde zunächst auf einer Wiese im Stöck und auf Pfeffers Wiese bei "Schnabels Kreuz", denn der Aufbau des vereinseigenen Platzes auf dem Stollberg begann erst in 1946 und wurde vorläufig in 1949 abgeschlossen. Viele, viele Arbeitsstunden der Mitglieder waren notwendig, um Erdreich zu bewegen, Löcher zu graben und Birken zu pflanzen. Sogar die Amerikaner hätten durch Sprengungen mitgeholfen, den felsigen Untergrund zu lockern und die Böschung zum Wald hin abzutragen. Schienen wurden verlegt, Kipploren organisiert und Presslufthämmer eingesetzt. Hand- und Spanndienst aber waren die häufigsten Arbeitsarten, weil billig und durch die gute Kameradschaft am einfachsten zu organisieren. Auf dem noch nicht fertigen Platz konnten dann immerhin schon die Handballdamen und -herren ihre Spiele austragen. (...) Was noch Erwähnung finden muss, ist die

Fußball lebte wieder auf - eine neue Mannschaft... (Foto: Grundblick-Archiv)

Mithilfe vieler Vereinsmitglieder bei dem Weiterbau unserer Sportstätten. In einer Vorstandssitzung vom 19.12.1956 wird über den Ausbau des Sportplatzes beraten. "Eine Raupe vom Kulturamt arbeitet 9 Tage mit gutem Erfolg.... Herr Karl Barth, Niederwalgern, ist seit Montag am Sprengen". (Auszug aus dem Protokollbuch 1, S. 29). Es handelte sich seinerzeit um eine Vergrößerung des Platzes in Richtung Wald."

Auch in Amöneburg entwickelte sich nach dem 2. Weltkrieg der Fußballsport. Der Turnverein Amöneburg fusionierte mit der schon lange bestehenden Sportgruppe des katholischen Männerwerkes, und es entstand der TSV 1888 Amöneburg. Der machte sich auch bald ans Werk, einen Sportplatz zu schaffen: "Erstmals im Jahre 1949 wurde unter dem Vorsitz von Julius Herda ein Versuch unternommen, das Segelfluggelände auf der "Wenigenburg" zu einem Sportplatz auszubauen. Dieses Vorhaben schlug aber bald fehl, da die recht knapp bemessenen Geldmittel aufgebraucht waren und das Anrennen gegen den Basaltkegel im Hand- und Spanndienst sich als aussichtslos erwies. Somit war man gezwungen, den Spielbetrieb auf dem viel zu kleinen und unebenen Platz 'auf der Gosse' fortzuführen." 1961 war es dann aber soweit: auch die Amöneburger konnten die Einweihung ihres neuen Sportplatzes auf der Wenigenburg feiern...

Neben dem Fußball gab es in den Vereinen damals noch Leichtatletik- und Turnabteilungen, wobei das Turnen bei weitem nicht mehr den Stellenwert besaß wie Anfang des Jahrhunderts. Zu kämpfen hatte man dabei oft mit nicht vorhandenen Sportstätten oder Sportgeräten. So waren die Vereinsaktivitäten im Bereich Leichtathletik und Turnen häufig eng mit dem Schulsport verknüpft.

Als weitere Sportart wurde in vielen Vereinen noch Feldhandball auf den Sportplätzen gespielt - teilweise auch von Frauenmannschaften. Der Feldhandball wurde jedoch durch den Hallenhandball immer mehr zurückgedrängt und ist heute als Sportart quasi ganz verschwunden. Der nahtlose Übergang funktionierte allerdings nur in wenigen Vereinen, da es in den 50er Jahren einfach nicht genug Sporthallen für die Vereine gab. So dominierte ab der 50er Jahre "König Fußball" auch in den Vereinen bei uns auf dem Dorf.

Festumzug in Niederwalgern (Foto: privat)

Gesangvereine: hauptsächlich Männersache...

Neben den Sportvereinen mit dem Schwerpunkt Fußball, gab es praktisch in jedem etwas größerem Dorf eine Freiwillige Feuerwehr und einen Gesangverein. Das kulturelle Leben auf dem Dorf spielte sich in den 50er Jahren, anders als heute, fast ausschließlich innerhalb der Vereine ab. Wenn Feste gefeiert wurden - neben der Kirmes die Jubiläen der jeweiligen Vereine - dann war dies ein dörfliches Großereignis, bei dem fast alle vom Kind bis zu den Großeltern auf den Beinen waren.

Die Gesangvereine hatten jedoch darüber hinaus noch viele weitere festliche Auftritte. Ob ein runder Geburtstag, Weihnachten oder ein Jubiläum, der Gesangverein kam zum Singen.

Zunächst waren dies fast ausschließlich die Männer, denn traditionell waren die Gesangvereine als Männergesangvereine organisiert. Meistens sind sie die ältesten Vereine im Dorf, ihre Gründungszeiten gehen häufig bis in die Mitte des 19. Jahrhunderts zurück. In früheren Zeiten waren dabei die Singstunden, die häufig von Lehrer oder Pfarrer angeleitet wurden, für die Männer sicherlich auch mal eine Gelegenheit unter sich zu sein. Da ging es nicht nur um das Üben, sondern auch den geselligen Teil danach, der vermutlich nicht selten "feucht-fröhlich" wurde.

Dieser Aspekt spielte sicherlich in den 50er Jahren auch noch eine Rolle, wobei die Übungsleiter mittlerweile schon recht professionelle Dirigenten waren. Und so gab es auch gesangliche Bewertungen und Wertungssingen von verschiedenen Chören.

In der Nachkriegszeit wurden die Männergesangvereine zumeist wieder neu gegründet, nachdem sie zuvor von den Nationalsozialisten "gleichgeschaltet" worden waren. Mit diesen Neugründungen fand auch immer häufiger eine Öffnung statt: der reine Männergesang wurde durch gemischte Chöre bereichert. Die Präsenz innerhalb der Dorfgemeinschaft wurde dadurch noch größer. So heißt es z. B. in der Beltershäuser Dorfchronik über den dortigen Gesangverein "Germania": "Am 13. - 15. Juni 1953 konnte der Verein sein 80. Stiftungsfest, verbunden mit einer Fahnenweihe, feiern. Er zählte 51 Männer und 35 Frauen als aktive Mitglieder, ein Verein der also von der gesamten damaligen Dorfgemeinschaft getragen wurde."

Auch Kinderchöre wurden in den 50er Jahren gegründet, wie zum Beispiel beim MGV "Liederkranz" Mardorf. Das Betätigungsfeld ging weit über das Singen hinaus. So wurde Theater gespielt, es gab

Familien- und Tanzabende, Fastnachtsfeiern, Ausflugsfahrten, Konzerte mit Musikvereinen, Ständchen zu Hochzeiten und Jubiläen sowie Nachbarschaftsbesuche. Interessant ist auch, dass der ein oder andere Verein sich Ende der 50er Jahre ein Tonbandgerät anschaffte, um auf diese Weise den Gesang aufzunehmen. Ob daraus auch Schallplattenaufnahmen wurden ist nicht bekannt...

Der "Gemischte Chor", der jetzt häufig neben dem "Männerchor" innerhalb des Gesangvereins existierte, entstand in manchen Vereinen, wie zum Beispiel beim Gesangverein "Cäcilia" Schröck aus dem jeweiligen Kirchenchor.

Bis es jedoch zu reinen Frauenchören oder auch Jugendchören, wie wir sie heute kennen, kam, sollte es noch eine geraume Zeit dauern.

Ende der 50er / Anfang der 60er Jahre - so ist in verschiedenen Chroniken zu lesen - muss das gesellige Leben der Gesangvereine doch der zunehmenden Bedeutung der "neuen Medien", wie dem Fernsehen, Tribut zollen. Das Interesse an der Vereinsarbeit ließ zunehmend nach. Am Beispiel Schröck zeigte sich das an den verloren gegangenen Aktivitäten der Theatergruppe des Gesangvereins, die erst 1986 wieder mit neuem Leben erfüllt wurde.

Dazu heißt es in der Chronik des Schröcker Gesangvereins u.a.: "... Wieder hatte der Verein eine Zeit durchzustehen, die nicht wie die Kriegs- und Inflationsjahre von Trauer und Armut geprägt waren, sondern jetzt herrschte Wohlstand, aber das Interesse an der Vereinsarbeit ließ wieder nach..."

Insgesamt aber erlebten die neugegründeten Gesangvereine in den 50er Jahren eine Blütezeit und prägten mit anderen Vereinen das kulturelle und gesellige Leben im Dorf.

Die Feuerwehr

Anders als die meisten anderen Vereine hatte die Feuerwehr eine Vorgeschichte, bevor es zu Vereinsgründungen kam. Im 19. Jahrhundert gab es entweder Pflichtfeuerwehren oder die Bewohner eines Ortes mussten selbst den Feuerschutz übernehmen. Die Kosten für die Pflichtfeuerwehr wurden von der jeweiligen Gemeinde übernommen.

Freiwillige Feuerwehren gründeten sich zumeist in den 1930er Jahren. Später kamen Feuerwehrvereine oder auch Jugendfeuerwehren dazu. So gab es in den 1950er Jahren innerhalb der jeweiligen Freiwilligen Feuerwehr die aktiven Mitglieder, deren Hauptaufgabe der Feuerschutz war sowie passive Mitglieder, die im Wesentlichen für die sozialen und geselligen Aktivitäten des Vereins sorgten. Ähnlich wie die zuvor beschriebenen Sport- und Gesangvereine trug auch die Feuerwehr entscheidend zum kulturellen Leben auf dem Dorf bei.

Die Feste waren besonders prachtvolle, dörfliche Großereignisse, bei denen auch die Feuerwehren aus den jeweiligen Nachbarorten mit ihren Festuniformen sichtbar mitwirkten.

Dazu kamen gerade in den 50er Jahren die Wettkämpfe "in Mode". Hierbei kämpften die aktiven Mitglieder der jeweiligen Feuerwehr auf sportliche Weise darum, wer am schnellsten und perfektesten die bei der Brandbekämpfung notwendigen Handgriffe beherrschte. Den Rahmen bildeten seit dieser Zeit Landeswettkämpfe des Landes Hessen, die häufig im Zusammenhang mit Kreis- sowie Bezirksfeuerwehrtagen ausgetragen wurden.

Doch natürlich blieb es auch in den 50er Jahren nicht nur beim "Spiel", sondern es gab auch ernste dörfliche Brandkatastrophen. Um diese bewältigen zu können, wurde nicht nur regelmäßig geübt, sondern auch eine professionelle Fortbildung absolviert. Hierzu heißt es beispielhaft in der Feuerwehrchronik von Wittelsberg u. a.: "...Viele Kameraden gingen zur Landesfeuerwehrschule nach Kassel und holten sich das nötige Rüstzeug für den Brandschutz. 1954 wurde beim Feuerlöschteich ein Geräteraum gebaut, verbunden mit der Raiffeisenwäscherei. Am 5. Januar 1955 bekam unsere junge Wehr von der Gemeinde eine Motorspritze TSA 8. Schon zweieinhalb Jahre später wurde sie beim Großbrand der Möbelfabrik Heinrich Schneider am 20.5.1957, 12.15 Uhr, benötigt und hatte ihre Feuertaufe bestanden..."

Wie dieses Beispiel zeigt, war es damals (und auch heute noch) von großer Bedeutung, dass die freiwilligen Feuerwehren, die ja aus ehrenamtlichen Mitgliedern bestanden, professionell handlungsfähig waren. Dazu spielte die in den 30er Jahren gegründete Landesfeuerwehrschule eine wichtige Rolle bezüglich der Fortbildung. Hierzu heißt es in Bezug auf die 50er Jahre: "Die Feuerwehrschule wechselte am 1. April 1949 ein weiteres Mal ihren Träger und wurde an das Hessische Ministers des Innern angegliedert. Seit diesem Zeitpunkt trägt die Schule die Bezeichnung "Landesfeuerwehrschule" und es wurde damit begonnen, das Lehrpersonal aufzustocken sowie zahlreiche moderne Fahrzeuge und Geräte für den praktischen Dienst zu beschaffen. Zum 25-jährigen Jubiläum im November 1961 wurden zusätzliche Gebäude, ein Lehrsaaltrakt, eine Übungshalle sowie ein Brandübungshaus seiner Bestimmung übergeben." Die heute für den Nachwuchs wichtigen Jugendfeuerwehren entstanden meist erst in den 70er Jahren. In den 50ern kannte man dieses Problem noch nicht so recht, häufig wurde der aktive Feuerwehreinsatz vom Vater an den Sohn "weitervererbt", so dass damals immer eine handlungsfähige Einsatzabteilung der Feuerwehr existierte und sich kontinuierlich weiterentwickelte.

Dörfliche Freizeitaktivitäten

Neben den Aktivitäten in Sportverein, Gesangverein und Feuerwehr gab es in einzelnen Dörfern auch noch anderes Vereinsleben; sei es Geflügelzucht oder Pferdesport, um zwei Beispiele zu nennen.

Die Schützenvereine, in späteren Jahren ebenfalls sehr verbreitet, entstanden zumeist erst Ende der 50er Jahre wieder neu. Zu stark war noch die Erinnerung an den Krieg, außerdem war nach dem 2. Weltkrieg lange Zeit jeglicher Umgang mit Waffen - auch mit Luftgewehren - von der amerikanischen Besatzungsmacht verboten. Die Zeit der Verschönerungsvereine, Volkstanz- und Trachtengruppen sowie Burschenschaften - heute auch sehr verbreitet - kam erst in den 60er Jahren.

Aber es gab auch in den 50er Jahren regionale Freizeitaktivitäten über die Dorfvereine hinaus. Dies waren zumeist größere Feste oder Märkte, wie zum Beispiel der Neujahrsmarkt in Kirchhain am letzten Werktag vor Silvester - ein Anziehungspunkt gerade für die jüngere Generation in unseren Dörfern.

Hierzu ist im Grundblick, Ausgabe Oktober 2008, von Renate Schütz lesen:

"Die 50er Jahre waren auch die Zeit der schmucken Musikschränke. Es waren richtige Möbelstücke mit Musik, die vom Band kam. In den Lokalen gab es jetzt die beliebte Musik-Box. Zwanzig Pfennig kostete ein Lied und so hoffte man immer, das Mal einer was einwarf. Zwanzig Pfennig war so kurz nach der Währungsreform schon Geld - deshalb überließ man es gerne den anderen.

(...)

Auch diverse Kleinwagen befuhren die Straßen. Meine Mutter hatte als Dienstwagen einen Kabinenroller, aber als sie ihn mal in den Straßengraben gesetzt hatte, stieg sie nicht mehr ein und stieg auf einen Roller um. Auch Fulda-Mobil-Isetta und Gogo-Mobil waren die Fahrzeuge der kleinen Börse.

Bei uns hat es wegen Hausbau nur zu einem Moped gereicht, aber wir kamen auch von A nach B. Das Kleinkind kam zwischen Vater und Mutter und so machten wir uns zum Beispiel auf den Weg nach Kirchhain. Dort angekommen wurden wir am Eingang bei der Gaststätte Lauer abgeladen, um uns erstmal aufzuwärmen. Ich sehe uns noch immer in Strümpfen um das Kanonenöfchen sitzen. Dann, nachdem alle aufgewärmt waren, ging es über die Gänseburg zum Neujahrsmarkt.

Noch bevor es dunkelte, ging es auf die gleiche Weise zurück nach Hause. Es war alles unbequem und umständlich, aber - wir waren auf dem Markt gewesen. Einer der Höhepunkte des Jahres. Große Ausgaben musste man sich sowieso verkneifen, aber ein Würstchen vom Neujahrsmarkt war etwas Besonderes. So freute man sich wieder auf das nächste Jahr. Wir waren ja so schnell zufriedenzustellen..."

Und über das sogenannte "Mehlfest" schreibt sie im Grundblick, Ausgabe November 2008:

"In den Fünfzigern war es üblich, im Winter das "Mehlfest" zu begehen. Eigentlich war es ein Raiffeisenfest, aber die Dörfler hatten es umgetauft.

Im Winter wurde auf diesem Wege zur Mitgliederversammlung eingeladen. Zuerst wurde über Bilanzen geredet und später gab es Freibier und Kaffee und Kuchen und anschließend spielte eine Blaskapelle zum Tanz auf. Die Kuchen waren aber von den Mitgliedern mitzubringen. Dafür gab es eine Liste auf der sich jeder eintragen konnte, damit es eine gute Mischung gab. Nun gab es in diesen Jahren noch nicht alle Zutaten so einfach wie heute zu kaufen und so wurde improvisiert. Jeder beäugte den Kuchen der anderen und oft genug gab es bissige Kommentare. Nüsse und Krokant waren noch Raritäten und so wurden oft Haferflocken geröstet und auf die Kuchen gestreut.

Nun ist doch jedem bewusst - Bilanzen interessieren uns junge Leute nicht im Geringsten. Und so rutschten wir schon mal ungeduldig auf unseren Stühlen herum, wenn die Herren so ins Detail gingen. Wir wollten doch endlich tanzen - zumal wir doch ein Zeit-Limit hatten und all das Palaver ging von unserer Tanz-Zeit ab.

In einem Jahr hatte ich einen schönen rot-karierten Schottenrock bekommen, aber es reichte halt nur zum Rock und nicht mehr zu einem Oberteil. Ich kaufte mir für paar Mark rote Wolle und fing am Freitag nach der Arbeit und rund um die Uhr bis Sonntag an zu stricken und hatte den Pulli tatsächlich fertig bekommen. Aber auch ich war fertig und wurde von solch starkem Kopfweh geplagt, dass ich mich nur noch ins Bett verkriechen konnte. So fand das Fest ohne mich statt. Ich hatte jetzt den Anzug komplett, aber für was für einen Preis.

Auch in einem anderen Jahr wurde mir das Fest gleich zu Anfang vermiest. Weil der Saal immer proppenvoll war, hatte die Bedienung ihre liebe Not sich durch die engen Reihen zu schlängeln und so kam was kommen musste - ich bekam das ganze Tablett ab und konnte pitsche-patsche nass nach Hause gehen. Man hatte oft keine zweite Ausgeh-Garnitur. Auch das Fest war gelaufen."

Eine andere Geschichte, die ebenfalls mit der in den Dörfern sehr präsenten Raiffeisenbank zu tun hat, erzählt Heinz Rabenau in dem von ihm mit seinem Bruder Willi Rabenau herausgegebenen Bellnhäuser Dorfkalender 2010 unter dem Titel *"Woas Raowenas Zwie ean Namanns Earn bei de Raiffeiseversammlung 1959 betroupt harre."*:

"Wie jedes Jahr gab es auch in 1959 eine Generalversammlung der Raiffeisenkasse Fronhausen. Damals war die Kasse mit den umliegenden Dörfern noch selbstständig. Die Versammlung fand im März in der Mehrzweckhalle Fronhausen statt. Da unsere Eltern kein Interesse zeigten, nahmen wir als junge Burschen die Gelegenheit wahr, daran teilzunehmen. Uns ging es bei Leibe nicht um den Geschäftsbericht oder irgendwelche Warenbestände, einzig und allein waren es Bier und Rippchen die dabei kostenlos kredenzt wurden. Auch hätten wir die freie Fahrt mit dem Bus nehmen können, entschieden uns aber für das Fahrrad. Denn nach dem Essen und Trinken sollte es sofort wieder nach Hause gehen. Die Versammlung begann wie immer mit einer Begrüßung (wie jedes Jahr machte das "Schlapps Heinerch"), danach folgte der Jahresbericht des Geschäftsführers. Eine Tortur für junge Leute die keine Ahnung und kein Interesse hatten. Aber da war ja das Freibier, das uns vor dem Einschlafen schützte. Endlich, so gegen 21 Uhr wurden die Rippchen aufgetragen. Ein vertrauliches Gespräch mit dem uns bekannten Kellner sorgte dafür, dass die größten Stücke an unseren Tisch kamen. Der Abend war gerettet. Der nachfolgende Vortrag über "Die Auswirkung von Legemehl auf junge Weyandot Hennen" brachte für uns das Versammlungs-Aus. Unauffällig wurde der Rückzug angetreten. Als wir die Garderobe passierten, in der ca. 50 Mäntel, Hüte und Schirme abgelegt waren, kam mir die Idee, dem Versammlungsabend noch eine besondere Note zu geben. In Windeseile wurden die Kleidungsstücke und Schirme untereinander vertauscht. Nichts hing jetzt mehr an seinem früheren Platz.

Mit uns und der Raiffeisenwelt zufrieden, traten wir die Rückfahrt an. In den darauffolgenden Tagen brachten wir im Dorf immer wieder das Gespräch auf die Versammlung und so erfuhren wir nach und nach vom dicken Ende. Das totale Durcheinander soll geherrscht haben, ja sogar ernsthaft in die Haare sei man sich geraten. "Du host mein Mantel o", "Der Schirm gehirt mir", "Sofort gebst du mir mein Hout", andere waren wieder ganz gelassen: "Wäi gout däs aich doas älste Steack ogedoo hu" oder "Im den Schirm eas mir kee Aingst den hu aich sowäso geklaut". Sogar in den Bussen, die mit über 30 Minuten Verspätung die Rückfahrt antreten mussten, wurde noch lauthals diskutiert. Ausrufe wie "Wann mer däi erwesche, däi doas gemoacht hu, da gebts Saueres", "Den mist mer de Schoandoarm schecke", "Woahrscheinlich wonns Schouljonge, moann sa aich deam Schoarmister beschäd" sollen noch die harmlosesten gewesen sein. In all den folgenden Jahren haben wir drei dicht gehalten, oder nur im engsten Familienkreis von diesem Schabernack erzählt. Jetzt wo über fünf Jahrzehnte vergangen sind und die meisten der Betroffenen nicht mehr unter uns weilen, können die inzwischen auch ergrauten Täter wohl nicht mehr zur Rechenschaft gezogen werden. Sollte sich trotzdem noch ein Geschädigter melden, so sind wir gerne bereit, ein Versöhnungsbier miteinander zu trinken."

Dörfliches Kulturleben

Von einer Freizeit-Konsumgesellschaft war man auf dem Dorf der 50er Jahre noch weit entfernt. Nach dem Krieg hatten sich die unter der Nazi-Diktatur zumeist gleichgeschalteten Vereine wieder neu gegründet und erlebten recht schnell eine Blütezeit. Fernsehen existierte noch nicht, Autos zum Wegfahren in die Städte gab es kaum und somit spielte sich das Leben außerhalb der Arbeit noch im dörflichen Rahmen ab. Ein durchschnittlich großes Dorf in unserer Region hatte in der Regel zwei bis drei Dorfkneipen, in

Theater in Wittelsberg, aus den 1950er Jahren (Foto: Grundblick-Archiv)

denen sich vornehmlich die Männer abends trafen. Auch ein Teil des Vereinslebens spielte sich mit Stammtisch oder Vorstandstreffen hier ab. Viele Dorfkneipen hatten aber auch große Säle, in denen öffentliche Tanzveranstaltungen, Vereinsfeierlichkeiten oder auch private Feste stattfanden. Nur noch wenige davon existieren heute noch, wie z. B. der Saal im Gasthaus Jirje in Wittelsberg, der heute wieder für solche Aktivitäten belebt worden ist. Besondere Höhepunkte waren Jubiläumsfeste der großen traditionellen Vereine wie Feuerwehr, Gesang- oder Sportverein. Sie zogen bei Tanz und Festzug regelrecht die dörflichen "Massen" an. Die meisten Bewohner engagierten sich zumindest in einem Verein, auch über solche Feste hinaus.

Ein interessantes Phänomen, auf welches man in Chroniken stößt, sind Theateraktivitäten, die es in vielen Dörfern gab und nicht immer einem Verein zugeordnet werden konnten. Man fand sich zusammen, um nach regelmäßiger Probentätigkeit ein zumeist heiteres Stück zur Aufführung zu bringen - zum Beispiel in einem Saal einer Dorfkneipe. So zu sehen auf unserem Foto, welches aus Wittelsberg stammt.

Ein Verein in unserer Region, der bis heute immer wieder diese Tradition gepflegt hat, ist der Gesangverein "Cäcilia" Schröck. Auch hier wurde schon bald nach dem 2. Weltkrieg Theater gespielt; was erstaunlicherweise in diesem Verein das erste Mal schon 1893 mit dem Stück "Lützows verwegene Jagd" getan wurde. 1949 startete man mit dem Stück "Wenn eine Mutter betet für ihr Kind", einstudiert vom Dirigenten, Lehrer Schober.

In der Chronik des Vereins heißt es: "In den folgenden Jahren begann eine große Blüte in der Laienspiel- und in der Vereinsarbeit. Bereits Ostern 1950 wurde unter der Regie unseres Dirigenten das Singspiel "Unter dem Lindenbaum" mit großem Erfolg aufgeführt. Dieses Stück konnte sogar wegen der großen Nachfrage im Saal Raabe in Mardorf aufgeführt werden. Weihnachten 1950 führte der Verein zwei Stücke auf: "Heimatklänge" und "Das neue Mädchen" als heiteres zum Abschluss. In den folgenden Jahren wurde das Volksstück "Die Not der Alten" aufgeführt. Es wurden in Schröck auch Theaterstücke von anderen Vereinen und Gruppierungen aufgeführt. Zu erwähnen wäre hier das "Apostelspiel". Dieses Schauspiel wurde von vier Personen gespielt, Wilhelm Hühn als alter Mann, Maria Nau (Zibbersch) als dessen Tochter, Stephan Schmitt als Johannes und nicht zuletzt unser unvergessener Josef Jennemann als Petrus. Ein weiteres Lustspiel "Piefke kauft ein Auto", unter der Regie von Herrn Heinze, sei hier erwähnt."

Wandel von Arbeit, Bräuchen und Traditionen

Der in den Städten rasant voranschreitende Strukturwandel veränderte nur allmählich auch das Leben auf dem Dorf. Das wurde im Arbeitsleben sichtbar, wo die bäuerliche Prägung nur langsam aber doch unumkehrbar an Bedeutung verlor. Menschen fanden Arbeit in der nahen Stadt, wurden sozusagen zu Pendlern, während die Landwirtschaft selbst bald durch Technisierung immer weniger Arbeitskräfte benötigen sollte - ein schleichender und zunächst fast "unsichtbarer" Prozess.

Die Veränderung zeigte sich deutlicher bei den über viele Generationen überlieferten Bräuchen und Traditionen. Vieles davon lag ohnehin brach - teilweise durch den Einfluss des Nationalsozialismus - teilweise durch die Folgen des Krieges. Manches wurde nun mit neuem Leben erfüllt, anderes verschwand allmählich aus dem Alltag der Menschen.

Die Tage zwischen den Jahren wurden Laustage genannt. Traditionell wurde in diesen Tagen nur das Vieh versorgt, aber keine sonstigen Arbeiten verrichtet. Es war die Zeit, wo Knechte und Mägde auf den Höfen neue Arbeit fanden, andere ihre verloren und sich neue Herren suchen mussten.

Dieses wieder Ausgehen und woanders Eingehen zwischen den Jahren versuchten die Mägde meistens geheim zu halten. Denn nach alter Sitte wurden dann die Mägde von den Burschen ausgeplatzt. Dabei schlugen die Burschen den Mägden mit den Lederriemen ihrer Peitschen mehr oder weniger um die Beine, was bedeuten sollte, sie hätte lieber bei ihrer Herrschaft bleiben sollen.

Bräuche dieser Art also verschwanden in den 50er Jahren, während andere wieder auflebten. Dies waren vor allem solche, die den Zusammenhalt im Dorf, die Zugehörigkeit verstärkte. Maibäume wurden aus dem Wald geholt und auf dem Marktplatz und vor Gaststätten aufgebaut; ein kräftiger Bursche wurde mit Stroh und Ästen als Bär verkleidet und durch das Dorf geführt. Die Musik, eine Ziehharmonika spielte dazu.

Besonders aber stand wieder das gesellige Dorfleben im Mittelpunkt; Kirmes (meist ausgerichtet von einem Verein) und die Jubiläumsfeste von Sportverein, Feuerwehr und Gesangverein waren Höhepunkte im Dorfleben. Hierzu kamen nicht nur die Dorfbewohner, sondern auch viele Besucher aus Nachbarorten zusammen. Nur zwischen der Kirmes in den evangelischen Dörfern und der in den katholischen Orten blieb noch längere Zeit die traditionelle Distanz. D. h. der Kirmes im jeweils anderen Ort blieb man fern - oder es wurde von einer Gruppe Jugendlicher auch nicht selten eine Schlägerei angezettelt...

Jedenfalls belebten sich die gesellig geprägten Bräuche in dieser Zeit - natürlich mit dem Einfluss von Mode und Musik der 50 Jahre, die sich über die langsam aber sicher aufkommenden Medien verbreiteten.

Wandel von Arbeitsstrukturen

Wenn man das dörfliche Leben z. B. in den 1920er Jahren mit heute vergleicht, so werden fundamentale Unterschiede offensichtlich; insbesondere im beruflichen und alltäglichen Bereich zu Hause. Vergleicht man die 20 Jahre jedoch mit den 50er Jahren, so sind die Unterschiede überraschend gering. Natürlich; die politischen Rahmenbedingungen waren völlig andere, nach Weimarer Republik, Nazidiktatur und 2. Weltkrieg kam die Bundesrepublik - darauf wie die Menschen ihren Lebensunterhalt bestritten, hatte das - noch - wenig Einfluss.

Die Landwirtschaft dominierte das dörfliche Bild. Es gab noch viele Vollerwerbslandwirte, viele betrieben neben ihrem sonstigen Beruf noch Landwirtschaft und noch 1950 lebten und arbeiteten in einem durchschnittlichen Dorf in unserer Region 35-40 Knechte und Mägde für die Bauern. Erst langsam verdrängte die Technisierung die arbeitskraftintensive bäuerliche Betriebsform. Es gab noch keine ausgeprägte Spezialisierung, wie sie in späteren Jahren immer mehr zur Normalität werden sollte. Zwar gab es schon Traktoren, die ersten Mähdrescher und zahlreiche Hilfsmaschinen für das Mähen, Pflügen, Ernten und die Weiterverarbeitung. Aber noch wurde sowohl die menschliche, als auch die tierische Arbeitskraft (in Form von Pferden und Zugochsen) benötigt. So wurde die tägliche harte Arbeit auf Acker, Wiese, Hof erst allmählich durch Maschinen erleichtert. Gerade zu Erntezeiten (z. B. Kartoffellesen) hieß das für die gesamte Familie inklusive der Kinder Mitarbeit auf dem Feld.

Während es zunehmend schick - und für immer mehr Menschen auch bezahlbar - wurde, mit dem VW-Käfer nach Italien zu reisen oder ins Kino zu gehen, muss es immer noch die gleiche Stille wie früher auf den Feldern unserer Dörfer gewesen sein, in der doch so viele Menschen von morgens bis abends schufteten.

Aber nicht nur in der Landwirtschaft ging die Technisierung in dieser Zeit noch gemächlich voran; auch im Bereich des Handwerks, es existierte bei uns eine erstaunliche Vielfalt an Handwerksbetrieben. Gerade zu Beginn der 50er Jahre ist sogar eine Zunahme zu verzeichnen. Dies lag vermutlich daran, dass neue Arbeitszweige in Handel und Herstellung hinzukamen. Und diese entstanden zunächst in handwerklichen Kleinbetrieben und nicht gleich in hochtechnisierten Massenproduktionen. So wurden die Dinge des täglichen Bedarfs in kleinen "Gemischtwarenläden" verkauft und nicht im Supermarkt. Oder die für den Aufschwung im Baubereich nötigen Baustoffe in kleinen entsprechenden Betrieben gehandelt und nicht im Baumarkt. Und für die zunehmende Mobilität entstanden Kfz-Werkstätten oder sogar Taxi-Betriebe auf unseren Dörfern in den 50er Jahren.

Es gab auf den Dörfern noch eine große Vielfalt von kleinen Läden und Handwerksbetrieben; von der Bäckerei bis zum Schmied oder Schumacher - und auch Schule, Post und Bank. Also eine vielfältige dörfliche Infrastruktur, deren Wegfall heute oft beklagt wird.

Auch die Berufsausbildung fand immer häufiger außerhalb der Dorfstruktur statt. Für die jüngere Generation bedeutete dies natürlich neue Erfahrungen aus anderen Welten, welche sich dann selbst bei einer Rückkehr ins Dorf, wenn auch langsam, Stück für Stück, auswirkten. Und ebenso bedeutete dies, dass auch Ehen außerhalb der Dorfstrukturen entstanden und allein dadurch neue Einflüsse in das alltägliche Leben gebracht wurden.

Holzschneiden: Gemeinschaftliches Arbeiten auf dem Dorf (Foto: privat, Grundblick-Archiv)

Die radikalen Veränderungen in Berufsstruktur und Landwirtschaft vollzogen sich dann aber vor allem Ende der 1960er / Anfang 1970er Jahre...

Verwaltungstechnisch gab es nach wie vor für jedes Dorf den Bürgermeister, den Gemeinderechner für die Kassenführung und den Gemeindediener, der u. a. mit der Ortsschelle durchs Dorf ging und Neuigkeiten mit lauter Stimme bekanntgab.

Es ist zu vermuten, dass auch die Essgewohnheiten sich nicht wesentlich von früher unterschieden. Es gab Kartoffeln in allen möglichen Variationen; Obst und Gemüse wurden hauptsächlich so verzehrt, wie es ihrer "Saison" entsprach und dann mittels Einkochen haltbar gemacht. In Spätherbst und Winter wurden Schweine geschlachtet und vor allem Wurst davon gemacht, die geräuchert fast das ganze Jahr reichte. Fleischgerichte standen vornehmlich sonntags auf dem Speiseplan, selten in der Woche. Gemeinschaftsgefrierhäuser gab es. Hier konnte man Fächer mieten und sich somit einen Fleisch- und Gemüsevorrat anlegen.

Ein anderes Phänomen tauchte in den 50er Jahren wieder auf, welches v. a. in der 2. Hälfte des 19. Jahrhunderts verbreitet gewesen war: das Auswandern nach Amerika. Das mag damit zusammenhängen, dass Amerika - also die USA - in den 50er Jahren nicht nur auf politisch-wirtschaftlicher Ebene zum Vorbild wurde, sondern bei der jüngeren Generation auch in alltäglichen Gewohnheiten. In den Städten war dies längst schon wesentlich ausgeprägter: Musik und Kleidung wurden zur Mode und warum also nicht gleich das "freie Leben in Amerika" ausprobieren...

Noch immer kleideten sich bei uns die Frauen in dörflicher Tracht, wurde außerhalb von Schule und Kirche "platt" gesprochen und waren die beruflichen Perspektiven durch die jeweilige Herkunft vorgegeben.

Erst langsam wirkten sich die strukturellen Veränderungen der jungen Bundesrepublik auf das Alltagsleben im Dorf aus. Rückblickend betrachtet scheinen die 50er Jahre wie eine Vorbereitungsphase zu sein, aus der heraus in den späten 60er und frühen 70er Jahre eine solch radikale Änderung in unseren Dörfern vollzogen werden sollte, wie in Jahrhunderten vorher nicht ...

Frauenarbeit im Wandel der Zeit

In Überlieferungen, Dorfchroniken und ähnlichem wird die spezifische Rolle der Frau im Leben der dörflichen Gesellschaft selten bis gar nicht thematisiert.

Gretel Fourier ist eine der ganz wenigen Frauen, die eine Dorfchronik (von Oberrosphe) geschrieben und veröffentlicht hat. Darin wird zudem die Rolle der Frau auch speziell aus der Sicht der Unterprivilegierten, der Mägde und Tagelöhnerinnen beschrieben. Auch in Beiträgen im Grundblick hat sie sich dazu geäußert. In der Ausgabe Juli 2009 schreibt sie in Bezug auf die 50er Jahre:

"Bis Anfang der fünfziger Jahre erlernte ein Mädchen vom Dorf keinen Beruf. Es war eine ganz normale Sache, dass sie an einen Bauernhof vermietet wurden. Um festzustellen ob sich das Mädchen zur Magd eignete und zupacken konnte, machte die Bäuerin einen Test. Sie wurde freundlich zum Kaffee eingeladen und beim Essen heimlich beobachtet, ob sie schnell oder langsam kaute. Man sagte: Wie man isst, so arbeitet man. Oder: dumm und stark muss sie sein und die Uhr nicht kennen.

Der Preis wurde zwischen Vater und der Herrschaft, wie man sagte, ausgehandelt. Dafür bekam er vorab einen Taler, den er bei nicht zu Stande kommen, wieder zurückzahlen musste. Was aber meistens nicht mehr machbar war, weil er längst ausgegeben war. Also musste das Mädchen dort anfangen, ob sie wollte oder nicht. Zwischen Konfirmation und Dienstantritt blieb meist nur ein freier Tag. Die wenige Kleidung die sie besaß, wurde in einem so genannten Magd Kasten, den man zu zweit tragen konnte, in den Hof gebracht. Ging die Magd in ein anderes Dorf, holte sie ihr neuer Herr mit dem Pferdewagen ab. Es wurde nicht gesagt, heute hat eine neue Magd bei uns angefangen, sondern sie ist bei uns eingegangen. Der mit Handschlag bestätigte Vertrag, hatte meistens für ein Jahr Gültigkeit. Eltern vermieteten ihre Mädchen nicht gerne zur Stadt, in der es auch große Höfe gab. Die damaligen Burschen hatten keinen guten Ruf und ließen kein Mädchen ungeschoren. Die Gefahr ein Kind zu bekommen, war damit groß. Der Jahreslohn einer Dienstmagd wurde ausgehandelt und bestand überwiegend aus Naturalien. Es gab meistens einen Trachtenanzug, bestehend aus einem Rock, einer Jacke, einer Schürze und einem Einstecktuch. Außerdem zwei Paar Schuhe, einem Bett- und Kissenbezug, zwei Pfund Wolle, eine Steige Leinen. Oder wenn die Eltern im gleichen Dorf lebten, konnten sie auf dem Feld des Bauern ein viertel Maß an

Frauen bei der Kartoffelernte: erst allmählich wurde mühsame Handarbeit durch Maschinen ersetzt (Foto: Grundblick-Archiv)

Leinen säen und selbst bearbeiten. Dadurch stand ihnen ein größerer Ertrag zur Verfügung. Das wieder Ausgehen und wo anders Eingehen, zwischen den Jahren, hielten die Mägde meistens geheim. Denn nach alter Sitte, wurden dann die Mägde von den Burschen ausgeplatzt (mit Peitschen ausgepeitscht.) Dabei schlugen die Burschen den Mägden mit den Lederriemen mehr oder weniger um die Beine, was bedeuten sollte, sie hätte lieber bei ihrer Herrschaft bleiben sollen.

In den fünfziger Jahren setzte sich eine Erleichterung in der Vorratshaltung durch. Es wurden gemeinschaftliche Gefrierhäuser gebaut, in denen einzelne Kammern gemietet werden konnten. Nun konnte Fleisch, Gemüse, Obst und vieles mehr eingefroren werden. In der Landwirtschaft setzte langsam die Technik ein. Mit Traktoren und Maschinen, gab es große Erleichterungen bei Saat und Ernte. Der Profit jedoch war auf Seiten der Männer. Denn sie saßen auf den Motor angetriebenen Maschinen und bestimmten somit auch das Arbeitstempo der restlichen Handarbeit, die wiederum den Frauen übrig blieb.

Angehende Dienstmägde mussten sich anders entwickeln. Die ersten Berufsangebote für Frauen waren Verkäuferinnen, Schneiderinnen und Frisösen, wobei die Letzteren etwas belächelt wurden, weil die Frauen vom Land mit ihrem Schnatz, (Dutt) so sagte man zu dem Knoten auf dem Kopf, nie eine andere Friseur brauchten. Doch die beruflichen Ziele der Frauen entwickelten sich mehr und mehr zum Erfolg."

Die Stellung der Frau als Magd wird auch in dem Theaterstück „Das Wechselbalg" thematisiert (Foto: Archiv des Theater Waggonhalle, Marburg)

Spülen im Fluss, bleichen auf der Wiese. Die "große Wäsche" in den 50er Jahren

Die 50er Jahre erscheinen uns oft zeitlich "nah", auch wenn wir sie selbst gar nicht miterlebt haben und sogar, wenn wir erst Jahrzehnte später geboren wurden. Das liegt wahrscheinlich daran, dass die Musik, die Filme, die Mode und die Teenager-Idole der 50er heute noch immer oder schon wieder sehr präsent sind. Das die 50er Jahre seit fünfzig Jahren vergangen sind, wird einem erst bewusst, wenn man sich anschaut wie anders ganz normale Alltagsroutinen in den 50er Jahren abliefen, zum Beispiel das Wäsche waschen.

Heute stopfen wir unsere Wäsche in die Waschmaschine, füllen Waschmittel ein und schalten sie ein. Hat die Waschmaschine ihren Dienst getan, holen wir die gewaschene und geschleuderte Wäsche wieder raus und hängen sie auf oder stecken sie in den Trockner. Das war´s. Fertig. Und vor fünfzig Jahren? Es war keine Frage von altmodischen Waschmaschinen ohne Automatik und Schleuderfunktion: Die allermeisten Leute hatten gar keine Waschmaschine. Anneliese Hoffmann erinnert sich, wie in ihrer Kindheit und Jugend in Kirchhain gewaschen wurde: "Die Weißwäsche wurde zu Hause im Kessel eingeweicht und gekocht. Zum Spülen ging man an die Ohm, die Wohra oder die Klein. Da gab es Stege zum Waschen." Die gespülte Wäsche breitete man auf der Bleichwiese aus, wo sie einen ganzen Tag lang immer wieder befeuchtet wurde, bevor man sie schließlich auswrang und direkt auf der Bleiche aufhängte. "Jeder brachte seine eigenes Seil zum Aufhängen mit, dass zwischen Pflöcke gespannt wurde, die an der Bleiche standen", erzählt Anneliese Hoffmann. "Das Wetter musste natürlich gut sein und das Ganze funktionierte nach dem Prinzip "wer zuerst kommt, mahlt zuerst"." Etwa fünf Familien konnten die Bleiche gleichzeitig benutzen. Anneliese Hoffman sagt: "Manchmal gab es Streit, wenn die Leinen über Kreuz gespannt waren und man sich gegenseitig behinderte. Manchmal brachen auch die Kühe von der Nachbarweide aus und trampelten über die Bleichwäsche. Dann konnte man von vorne anfangen." Mit der Buntwäsche wurde etwas weniger Aufwand betrieben. Sie wurde in der Waschbrühe gestampft, die von der Weißwäsche übrig war und hinterher auf einem Waschbrett gerubbelt, ausgewrungen und aufgehängt.

Schulsituation in den 50er Jahren

Die Schulsituation der Nachkriegszeit in unseren Dörfern war von wesentlichen Einschnitten geprägt. Zum einen gab es viel zu wenig Lehrer. In der Vergangenheit war der Lehrerberuf im Wesentlichen von Männern dominiert, von denen viele Opfer des Krieges geworden waren. In der Zeit der Nazidiktatur wurde die Schule benutzt, um Kindern die nationalsozialistische Ideologie einzutrichtern. Insofern mussten die meisten Lehrer überzeugte Nationalsozialisten sein. Diese Lehrer in der Nachkriegszeit wieder in den Schuldienst aufzunehmen, war zunächst verpönt.

Hinzu kam, dass auch in unserer Region sehr viele Flüchtlinge aus dem Osten einwanderten und letztlich hier lebten. Dies führte ganz allgemein zu einem starken Bevölkerungswachstum, der in den Dörfern der Region Marburger Land 1950 im Vergleich zu 1939 durchschnittlich um die 30% lag.

Ein Grund dafür war auch, dass in dörflichen Regionen der Krieg weniger Schaden angerichtet hatte, als in Stadtlandschaften. Konsequenz war ein deutlich wahrnehmbarer Wohnungsmangel, der in einzelnen Dörfern auch zur Folge hatte, dass Lehrerwohnungen in Dorfschulen zu Wohnungen von Flüchtlingen wurden. Vor allem aber führte es dazu, dass auch die Zahl der schulpflichtigen Kinder enorm gewachsen war. Es gab also viel zu wenig Lehrer für viel zu viele Schüler, dazu nicht ausreichender Schulraum und noch das Problem, dass mögliche neue Lehrer keine Lehrerwohnung vorfanden. Beispiel Wittelsberg: Hier war noch 1954 die Lehrerwohnung von schulfremden Mietern belegt. Das Dorf war ohne Lehrer, weil die Besetzung der Schulstelle ohne den Nachweis einer Lehrerwohnung nicht zu erreichen war. Darüber beklagte sich der Schulrat: "Es muss alles versucht werden, die Lehrerdienstwohnung von schulfremden Mietern zu räumen, da sonst die Gefahr besteht, dass die erste Lehrerstelle nicht besetzt werden kann." (aus der Chronik "Der Ebsdorfer Grund")

Ebenso gravierend waren bauliche Mängel in den Schulen. Viele Jahre nicht erneuerte Gebäude, teilweise baufällig, mit vor allem rückständigen sanitären Anlagen, was zum Teil zum sogenannten Schichtunterricht führte - d.h. verschiedene Klassen mussten hintereinander im gleichen Raum unterrichtet werden.

Noch 1955 wurden diese Zustände von offizieller Seite heruntergespielt; "Dass nur ein Schulsaal (für zwei Lehrer) vorhanden ist, stimmt, aber in Beltershausen sind nur noch 70 Schulkinder; also die Klassen verhältnismäßig schwach!"

- so die Aussage eines Bürgermeisters gegenüber dem Landrat. (aus der Chronik "Der Ebsdorfer Grund") Offenbar war man bis tief in die 50er Jahre hinein hauptsächlich mit dem wirtschaftlichen Aufbau beschäftigt; an Schule und Bildung wurde zuletzt gedacht. Vielleicht führte dies auch dazu, dass ein Phänomen, welches man in anderen Feldern des öffentlichen Lebens wie z. B. der Justiz und der Verwaltung beobachten konnte, auch in der Bildung sichtbar wurde: zunehmend wurden Lehrer mit einer ehemals stramm nationalsozialistischen Gesinnung wieder in den Schuldienst aufgenommen. Ausgerechnet sie sollten jetzt die neuen Werte der Demokratie vermitteln...

Insofern war es nicht verwunderlich, dass vielerorts die Dorfschule der 50er Jahre in der Art und Weise wie Erziehung vermittelt wurde, sich nur wenig von der Dorfschule der Vergangenheit unterschied; von einer ernsthaften inhaltlichen Auseinandersetzung mit der nationalsozialistischen Vergangenheit ganz zu schweigen.

In der Chronik "Der Ebsdorfer Grund" liest man zu dem Thema folgendes: "Die Eltern der Schüler im Jahre 1960 wurden zwischen 1920 und 1940 geboren. Sie hatten fast alle wenig gegliederte Dorfschulen besucht. Nur einzelne Familien, meist waren es die Lehrer, die Pfarrer und einzelne Dorfhonorationen, hatten ihren Kindern den Besuch eines Gymnasiums in Marburg ermöglicht. Diese kamen am späten Nachmittag mit der Kreisbahn aus der Stadt zurück, setzten sich dann über ihre Hausaufgaben. Die zeitliche Belastung durch den Schulweg war groß. Alle Familienmitglieder, ob klein oder groß, mussten im Garten, beim Füttern des Viehs, und in der Erntezeit auf dem Acker mithelfen, jeder hatte Pflichten zu übernehmen. Zeit für Sport und Freizeitgestaltung blieb in dieser Zeit nur wenig. Manche Eltern waren der Meinung, dass das Bildungsangebot der guten, alten Dorfschule als Berufsvorbereitung völlig ausreiche, denn über Jahrhunderte war die Dorfschule für die Landbevölkerung der Normalfall."

Als Mitte der 50er Jahre viele der Flüchtlinge unsere Dörfer wieder verließen, weil sie anderorts Arbeit fanden, entspannten sich Wohnungs- und Schulsituation. In dieser Zeit waren mehr als 50 Schüler pro Lehrer die Normalität. Aus dieser Lage heraus begann man zumindest auf der Verwaltungsebene über grundlegende Veränderungen nachzudenken und Konzepte zu entwickeln. Diese gingen in die Richtung, dorfübergreifende neue Schulen zu schaffen. Dies waren die Voraussetzungen, unter denen die heutigen Gesamtschulen in unserer Region, wie z. B. Ebsdorfergrund oder Niederwalgern entstehen konnten.

Medizinische Versorgung

Schon in den 30er Jahren war eine gewisse Grundversorgung mittels Landärzten in unseren Dörfern vorhanden. Vielleicht lag und liegt es an der Nähe zu den Universitäten in Marburg und Gießen, das trotz ländlicher Strukturen vergleichsweise viele Ärzte und Zahnärzte hier schon früh tätig waren.

In den 50er Jahren wuchs die Anzahl der niedergelassenen Ärzte in den Dörfern rund um Marburg kontinuierlich. Dabei kontrollierten in der Nachkriegszeit die Besatzungsbehörden mittels Amtsärzten, ob die Ärzte auch die entsprechenden Befähigungen hatten. Erst dann wurde die ärztliche Tätigkeit genehmigt.

Da die Mobilität der Bewohner mittels Auto in den 50er Jahren natürlich noch nicht so wie heute war, mussten die Ärzte viel häufiger zu den Kranken kommen. Neben den Hausbesuchen war es dabei auch üblich, dass in den Dörfern, in denen es kein Arzt gab, Sprechstunden von Ärzten aus Nachbardörfern angeboten wurden.

Da stellte dann zum Beispiel ein Landwirt in seinem großen Haus ein Zimmer für den Arzt zur Verfügung und so konnten die Dorfbewohner zu einer bestimmten Uhrzeit dorthin kommen, um sich ärztlichen Rat einzuholen oder sich Medikamente verschreiben zu lassen.

Auch Apotheken gab es in der Zeit vor dem 2. Weltkrieg in einzelnen Orten auf dem Land um Marburg, nämlich in Kirchhain, Rauschenberg, Neustadt, Wetter, Fronhausen und Rauischholzhausen. Zu dieser Zeit war die Apothekenzulassung streng reglementiert und weitere Apothekeneröffnungen wurden nicht ermöglicht. Lediglich Zweigapotheken von bestehenden Apotheken wurden genehmigt, zum Beispiel in Ebsdorf.

In den 50er Jahren wuchs aber auch die Anzahl der Apotheken in unserer Region, zumal durch den Zuzug der Vertriebenen in der Nachkriegszeit und der damit verbundenen Bevölkerungsentwicklung der Bedarf deutlich anstieg.

Dies führte auch im Bereich der Hebammen mit zu einer Veränderung von Strukturen. Bis in die 50er Jahren waren Hausgeburten üblich und hierzu gab es immer eine gewisse Anzahl von Hebammen in unseren Dörfern, die die Geburten betreuten. Mit der Zunahme der Kliniksgeburten wurde z. B. in Ebsdorf ein Entbindungsheim als Alternative zur Hausgeburt entwickelt, welches im dortigen Ärztehaus angesiedelt war.

Dazu heißt es in der "Chronik des Ebsdorfer Grundes":

"Ebsdorf hatte durch den Zuzug zahlreicher Flüchtlinge erheblich an Einwohnerzahl zugenommen und die Geburtenrate stieg an. Angesichts der problematischen Verkehrsverhältnisse und dem beginnenden Trend von der Hausgeburt weg zur Kliniksgeburt, bot sich eine Wöchnerinnenstation im Doktorhaus an. Mehrere Umbaumaßnahmen wurden am Doktorhaus unter der Regie der Webers vorgenommen. Die verglaste Veranda mit Balkonaufbau zur Bortshäuser Straße wurde um 1951 durch einen massiven Anbau ersetzt, wodurch das große Esszimmer im Erdgeschoss, dann zweigeteilt, von Frau Dr. Weber als Untersuchungs- und Sprechzimmer genutzt werden konnte. Aus dem "Empfangszimmer" wurde der Kreissaal. Das ehemalige Schlafzimmer der Frau Frohwein-Büchner, um einen massiv ummauerten ehemaligen Balkon vergrößert, wurde zum großen Wohnzimmer. In dem Haus entstanden dann drei Wöchnerinnenzimmer: Erste Klasse (ein Bett), zweite Klasse (zwei Betten) und dritte Klasse (drei Betten). Die Kinderzimmer lagen eine Etage höher. Etwa 10 bis 14 Tage dauerte der Aufenthalt nach einer Geburt im Entbindungsheim. Die Säuglinge wurden nur zum Stillen von der angestellten Säuglingsschwester gebracht.

Die ansässigen Hebammen waren fast immer bei den Geburten im Entbindungsheim anwesend. Frau Dr. Weber fand es darüber hinaus sehr gut, wenn die Männer bei der Geburt anwesend waren (Zitat: "Damit du einmal siehst, was du angestellt hast."). (...)

Die Einrichtung wurde 1966 geschlossen."

Sprache: Platt

Wie schon in vorangehenden Themen deutlich geworden, war die Zeit der 1950er Jahre eine Art Vorbote für radikale Änderungen des Dorflebens, die sich vor allem in den späten 60er und 70er Jahren vollzogen.

Noch aber war das Dorf eine relativ "geschlossene Welt". Dies zeigte sich auch in der Sprache unserer Dörfer, dem "Platt", es dominierte weiterhin das Alltagsleben. Das Hochdeutsch blieb die Sprache der Außenstehenden, aber auch der Mächtigen; man nannte es "vornehm", und "vornehm" sprachen die Beamten der übergeordneten Verwaltung, die Ärzte in ihrer Praxis, die Lehrer im Unterricht, die Pfarrer in der Kirche.

Die wesentlichen Neuerungen dieser Zeit existierten zwar schon - Technisierung von Landwirtschaft und Haushalt, neue Medien wie Fernsehen, Mobilität durch Autos - hatten aber noch wenig Einfluss auf den dörflichen Alltag und somit auch auf die Sprache. Man verbrachte die meiste Zeit des Tages mit "Platt" - und nicht wie später durch Beruf, Medien, Freizeitgestaltung mit "Hochdeutsch". Wobei auch "Hochdeutsch" nicht nur etwas starres, Festgelegtes ist, sondern ein fließender Prozess, Sprache, die sich ständig verändert. Nicht zuletzt drückt sich dies dadurch aus, dass immer wieder neue Wörter in den Duden aufgenommen werden. Vor allem aber ist "Hochdeutsch" aus Dialekten entstanden, die wesentlich älter sind, als eine allgemeingültige, festgelegte Landessprache. Und somit ist das Hochdeutsch, welches wir in unserer Region sprechen, völlig anders, als etwa das Hochdeutsch eines Schwaben. Man denke nur an unser legendäres, gerolltes R...

Aber auch das Platt in unserer Region Marburger Land ist von Dorf zu Dorf verschieden - und das nicht nur zwischen den katholischen Dörfern um die Amöneburg sowie den evangelischen vom Ebsdorfergrund bis Niederweimar und Fronhausen.

Dennoch ist die Übereinstimmung in der Region groß, wie ein Wörterbuch zeigt, welches den Schwerpunkt auf die Umgebung von Bellnhausen legt.

Unter dem Titel "Plattes Wearderbuch" - Mundart im Lahntal, stellen Willi und Heinz Rabenau nicht nur Wörter in der Übersetzung platt - hochdeutsch vor. Sie haben auch dörfliche Redensarten zusammengestellt, die viel über Alltag und Mentalität aussagen. In einem dritten Teil werden noch Vornamen im dörflichen Sprachgebrauch aufgelistet, wobei es bei einigen Namen erstaunlich ist, wie viele verschiedene Namen in Platt es dafür gibt.

Die Verfasser schreiben in ihrem Vorwort u. a.:

"Demet ois Platt nit inner die Rärrer kimmt" war Anlass und Aufgabe zugleich, als wir vor einiger Zeit damit begannen, Wörter, Ausdrücke, Begriffe und Redensarten unserer Mundart im Lahntal zu deuten und zu katalogisieren. (...) Vielmehr möchten wir erreichen, dass zum einen althergebrachte Wörter unserer Mundart nicht verloren gehen und zum anderen, dass Neubürger in unseren Orten sich mit dieser Sprache auseinandersetzen, sie erlernen und damit zum Erhalt der dörflichen Gemeinschaft beitragen können.

(Erhältlich ist das Buch bei Willi Rabenau, Dammstr. 19, 35096 Weimar-Roth, Tel. 06426 / 6118 oder Heinz Rabenau, Am Felsenkeller 3, 35112 Fronhausen-Bellnhausen, Tel. 06426 / 6103.)

III
Wie die Tracht aus dem Marburger Land (fast) verschwand

von Patricia Kutsch

Die Kleidung unterliegt einem stetigen Wandel. Immer wieder gibt es neue Mode, neue Farben, neue Schnitte. Das war auch bei der Marburger Tracht nicht anders - auch wenn die Wandlungen der Mode damals noch viel langsamer vonstattenging, als heute. Wie Eckhard Hofmann von der Hessischen Volkskunstgilde erklärt, war die Marburger Tracht besonders wandlungsfähig, hat sich immer wieder angepasst, statt zu erstarren. Im Gegensatz zu anderen Trachten aus anderen Regionen hat sie sich daher viel länger im Alltag der Menschen gehalten und war weit verbreitet: In 130 Dörfern war sie heimisch, verdrängte sogar die Hinterländer Trachten. "Die Marburger Tracht war bunter und kleidsamer", erklärt Hofmann. Industriell gefertigte, moderne Stoffe wurden verarbeitet, ebenso wie pflegeleichtere Materialien.

Veränderungen aus praktischen Gründen

Vor allem die Kriege haben die Trachten verändert. Nicht aus modischen Gründen, sondern weil übliches Zierwerk schlicht nicht mehr zu bekommen war. So waren zu Beginn des 20. Jahrhunderts u.a. geblümte Seidenbänder aus Lyon sehr beliebt bei den Frauen - die bekamen sie aber während des Ersten Weltkriegs kaum noch. "Also musste die Tracht mit dem besetzt werden, was da war", sagt Eckhard Hofmann. Es folgten Besätze aus der heimischen Industrie, wie gewebte Baumwollbänder oder Moire, aber auch die sogenannten Blätter- und Rosenbesätze aus Annaberg-Buchholz. "Die waren zu Ende der 20er-Jahre das Nonplus-Ultra bei den jungen Frauen", erklärt Hofmann. Nach der Hochzeit zogen sie weniger Farbe in der Tracht vor und griffen auf dunkle Besätze zurück. "Beides hat sich durch den Zweiten Weltkrieg hindurch gehalten und war weiter modern." In den 1950er Jahren kam die Blättergimbe aus Annaberg nach und nach aus der Mode - in der Nachkriegszeit war es schwer, irgendetwas zu bekommen. Das be-

Oben: Die Frisur blieb über die Jahrzehnte immer gleich. Das Stülpchen veränderte sich aber und wurde mit den Jahren immer kleiner.

Unten: Eckhardt Hofmann und seine Frau besitzen unzählige Trachten. Hier zeigt er Röcke mit einem Moire-Band, mit einer Blättergimbe und einem geblümten Seidenband.

Fotos: Patricia Kutsch

zog sich laut Hofmann nicht nur auf die Zutaten zum Anfertigen einer Trachtenausstattung.

Bei der Farbwahl ihrer Trachten-Stoffe waren die Frauen nicht gebunden: Es gab zu jeder Zeit alle möglichen Farben. Nach dem Zweiten Weltkrieg waren bei jungen Mädchen vor allem Pastellfarben angesagt. Rock, Motzen und Schürze bestanden aus dem gleichen Stoff, damit die Tracht wie ein Kleid wirkte. Flieder und Rosenholz waren zu dieser Zeit sehr in Mode, aber auch zartes Mintgrün und gediegene Blau- und Beigetöne. Die sichtbare Veränderung der Marburger Tracht kam vor allem durch die aufgenähten Bänder zustande. Die spiegelten nicht nur die jeweilige Mode wieder und den Familienstand, sondern auch den gesellschaftlichen Stand: Die teuren Stoffe und Bänder waren den Bauersfrauen vorbehalten. "Eine Magd kannte ihren Stand und hätte nie aufwändige, teure Besätze auf ihre Tracht genäht." Dieses Kleidungsverhalten verlor aber nach und nach an Bedeutung.

Was sich während der ganzen Zeit nie verändert hat, war die Frisur. Die blieb bei den Trachtenträgerinnen immer gleich: Der Schnatz. Verändert haben sich aber die Stülpchen - die wurden immer kleiner.

Die Tanzgruppe der Hessischen Volkskunstgilde hält die Tracht und die frühere Lebensart auf dem Dorf mit Auftritten lebendig.
Foto: Patricia Kutsch

Die Tracht (ver) schwindet ab der Nachkriegszeit

Nach dem Zweiten Weltkrieg "zogen sich immer mehr Frauen um" - sie legten die Tracht ab und trugen moderne Kleidung. "Das lag auch daran, dass nach dem Krieg viele nicht mehr das Geld aufbringen konnten, um eine Tracht zu nähen", erklärt Eckhard Hofmann. Dann gab es zwei weitere "Umzugs-Wellen": In den 50er-Jahren und schließlich Anfang der 70er-Jahre hingen viele weitere Frauen ihre Trachten in den Schrank und zogen sie nicht mehr an. "Die 70er-Jahre waren eine Zeit des Umbruchs und Modernisierung, so erklärt Hofmann, dass viele Frauen sich der modernen Kleidung zuwandten. "Die Welt hatte sich verändert, alles Alte sollte weg." So wurden in der damaligen Zeit auch viele alte Gebäude abgerissen, ausgetauscht.

Dennoch tragen heute noch einige Frauen im Marburger Land die Marburger Tracht. Es sind die Frauen, die Ende der 20er-Jahre geboren wurden und durch den Krieg und die 70er-Jahre hindurch der Tracht treu geblieben sind. Das Marburger Land ist eines der wenigen Gebiete in Deutschland, in denen die Tracht noch bis ins 21. Jahrhundert getragen wird. Laut Eckhard Hofmann gibt es derzeit noch rund 90 Frauen im Landkreis,

Mädchen aus Ebsdorf mit "Blätterguimpen-Anzug". Auch hier alles farblich aufeinander abgestimmt. Stülpchen mit Silberperlen bestickt. Angefertigt von Frau Fuchs aus Gladenbach.

Foto: Eckhard Hofmann

die die katholische oder evangelische Tracht täglich tragen. Männliche Trachtenträger gibt es nicht mehr: Die Männer haben sich weit vor dem Ersten Weltkrieg, Ende des 19. Jahrhunderts, bereits umgezogen - viele verließen ihre Heimat, um anderswo Arbeit zu finden, oder gingen zum Militär. Die Tracht ließen sie daheim.

Tanzgruppe zeigt noch heute die Tracht

Die Marburger Tracht für Männer und für Frauen zeigt eine Tanzgruppe der Hessischen Volkskunstgilde noch heute regelmäßig, um sie lebendig zu halten. 25 Männer und Frauen aus dem Landkreis wollen laut Hofmann die Kleidung, die Tänze und die Lebensart möglichst authentisch vermitteln. Dabei spiegeln die Trachtenträger während

Konfirmanden aus Ebsdorf im "Prüfungswerg" ca. 1940. Alle Mädchen in "stolzen" Blätterguimpenanzügen". Hier kann man schön, an Hand der Üppigkeit der Besätze, die Unterschiede der sozialen Herkunft erkennen.

Foto: Eckhard Hofmann

Treffen der Trachtenträgerinnen aus dem Ebsdorfergrund im Jahr 2005 im Martin-Luther-Haus in Dreihausen

Foto: Eckhard Hofmann

eines Auftritts verschiedene Epochen wider. "Aber eine Frau stimmt ihr komplettes Erscheinungsbild immer auf eine Epoche ab." Sie zeigen, wie individuell die Trachten waren und wie früher getanzt, gesungen und gesprochen wurde. Die Tänze und Lieder sind laut Eckhard Hofmann von den Vorfahren überliefert. Die Hessische Vereinigung für Tanz- und Trachtenpflege hat diese zusammengetragen und aufbewahrt. So zeigt die Trachtengruppe etwa Kirmesszenen, Ernteszenen und das Leben im Dorf. "Wir wollen dieses Stück Regionalität und Kulturgut für die Nachwelt erhalten", erklärt Eckhard Hofmann seine Motivation.

IV
Die 60er Jahre - Rebellion auch auf dem Dorf?

Woodstock...
(Foto: Grundblick-Archiv)

Wenn der Begriff 60er Jahre fällt hat jeder unterschiedliche Bilder im Kopf: neue Autos, Vietnamkrieg, Woodstock, Contergan, APO, Gemeindereform, Kalter Krieg oder Studentenbewegung...

Man sieht Bilder von demonstrierenden Studenten in Großstädten, die sogenannte Außerparlamentarische Opposition (APO). Die APO war in den 60er Jahren die bedeutsamste außerparlamentarische Opposition in Deutschland und entwickelte sich also Opposition gegen die seit 1966 regierende große Koalition. Die APO forderte unter anderem eine Demokratisierung der Universitätspolitik und kritisierte die gesellschaftliche Verdrängung der Verbrechen des Nationalsozialismus durch die Elterngeneration, die sich nur für einen wirtschaftlichen Wiederaufbau interessierte. Wesentlich war auch die Forderung nach einem Abzug der US-amerikanischen Truppen aus Vietnam.

Die Frage ist, in wie fern sich das alles auf dem Dorf bemerkbar machte.

In den 60er Jahren hatten die Leute mehr Geld als in der Nachkriegszeit, man konnte sich jetzt Autos oder Fernseher leisten. So wurde praktisch die Tür zur großen weiten Welt geöffnet. Durch den Fernseher wurde man über Themen, welche die ganze Welt beschäftigten, informiert. Dinge wie den Vietnamkrieg, Mondlandung mit Apollo 11 oder den Bau der Berliner Mauer. All diese Dinge wirkten sich allerdings nicht sonderlich auf das Dorfleben aus.

Wovon die 60er Jahre aber sicherlich auch geprägt waren, war Angst. Der Konflikt zwischen den Westmächten unter Führung der USA und dem Ostblock unter Führung der Sowjetunion, den diese von 1945 bis in die 1980er Jahre mit allen Mitteln unterhalb der Schwelle eines offenen Krieges austrugen. Das große Aufrüsten an Atomwaffen führte zu einer Angst vor dem 3. Weltkrieg.

Ebenfalls ein bewegendes Thema auf dem Dorf war der Contergan-Skandal, denn davon waren auch Leute vom Dorf betroffen. Da Contergan unter anderem gegen typische, morgendliche Schwangerschaftsübelkeit in der frühen Schwangerschaft half und es im Hinblick auf Nebenwirkungen als besonders sicher galt, wurde es gezielt als das Beruhigungs- und Schlafmittel für Schwangere empfohlen. Obwohl 1961 bereits 1600 Warnungen über beobachtete Fehlbildung an Neugeborenen vorlagen, wurde Contergan weiterhin vertrieben. Erst nachdem am 26. November 1961 in der "Welt am Sonntag" ein Zeitungsartikel über Contergan erschien, wurde das Medikament aus dem Handel gezogen.

Es gab noch ein Thema, von dem man auf den Dörfern betroffen war, und zwar war das die Gemeindereform. Die damalige hessische Landesregierung setzte es sich als Ziel, die Zahl der Gemeinden auf 500 und die der Kreise auf 20 zu reduzieren. Heute gibt es in Hessen 421 Gemeinden in 21 Landkreisen und fünf Kreisfreie Städte. In unserer Region entstanden so die Gemeinden rund um Marburg, einige Dörfer wurden in die Stadt Marburg eingemeindet, andere in die Stadt Amöneburg.

Ruth Firsching

Das neue Dorf

In den 60er Jahren begann der Prozess der radikalen Umwälzung der dörflichen Strukturen, die sich am Ende der 60er, Anfang der 70er Jahre vollzog.

Diese Veränderungen waren weitaus umfassender und schneller, als alles was ich in Jahrzehnten zuvor in den Dörfern entwickelte. Wer zu dieser Zeit als Kind aufgewachsen ist (ich gehörte auch dazu) und sich erinnert, kann in seiner ganz persönlichen Geschichte diese radikalen Veränderungen erkennen. Aber auch, wenn man in Chroniken Statistiken, zum Beispiel über die Tierhaltung in der Landwirtschaft oder den Einsatz von Maschinen im Verhältnis zu Arbeitskräften liest, wird dies deutlich.

Katrin Schäfer schreibt dazu im Grundblick, Ausgabe Mai 2011:

"Bis zu den 60er Jahren förderte die Selbstversorgung eines Dorfes eine autarke Gemeinschaft, doch diese veränderte sich schnell mit dem industriellen Aufschwung auf den Dörfern. Arbeitsplätze und Verdienstmöglichkeiten gab es nun auch außerhalb des Dorfes. So wurden die traditionellen gesellschaftlichen starren Strukturen im Dorf aufgebrochen. Der einzelne Bürger war auf die enge dörfliche Zusammenarbeit nicht mehr angewiesen.

Bis dahin lebenswichtige Arbeiten für die Dorfgemeinde gingen mit der Zeit verloren, da sie nicht mehr gebraucht wurden. Die Botenfrau, die Zucker und Salz aus Marburg holte, wich dem Kolonialwarengeschäft und dieses schließlich dem Supermarkt. Die kleinen Mühlen wurden nach und nach durch Stilllegungsprämien abgebaut. Noch heute sieht man verlassene Mühlen in einigen Dörfern. Die dörfliche Schmiede einst von großer Bedeutung für den Erhalt der landwirtschaftlichen Produktionsmittel- bekam Konkurrenz durch die landwirtschaftliche Zulieferindustrie. Die dorfeigene Bäckerei gibt es heute teilweise im Supermarkt. Dörfer wurden zu Wohn-und Schlafsiedlungen. 1950 erzeugte ein Landwirt Lebensmittel für 10 Personen und 2004 waren es bereits 143 Menschen, die durch einen Landwirt versorgt werden konnten. Der Einsatz von Chemie und modernster Technik in der Landwirtschaft ermöglichte eine große Produktionssteigerung bei den Nahrungsmitteln und gleichzeitig eine Verabschiedung aus der bäuerlichen Kreislaufwirschaft. Durch die Investitionen in Maschinen und Traktoren wurde vieles erleichtert, die Sichel mit dem Mähdrescher eingetauscht. Aber vieles ging auch verloren, vor allem die zwingende Verantwortlichkeiten untereinander. Die damals notwendige Nachbar-

Erste Mähbindergeneration um 1960 (Foto: Chronik Beltershausen, Grundblick-Archiv)

schaftshilfe bei der Ernte, dass gemeinsame "Anpacken" und eine Hilfe - die nicht mit Geld, sondern mit gegenseitiger Hilfe entlohnt wurde."

Zur Rolle der Frau in diesem Zusammenhang äußert sich Gretel Fourier im Grundblick, Ausgabe März 2011:

"In den sechziger Jahren kamen Vollerntemaschinen auf den Markt, Kühe und Ziegen wurden abgeschafft. Eine kleine Landwirtschaft war nicht mehr lohnenswert. In dieser Zeit kamen in den Städten Dienstleistungsunternehmen, wir sagten Putzfirmen, auf den Markt. Diese Firmen kamen den Frauen vom Dorf, ohne Beruf, sehr gelegen. Mädchen hatten gehorsam zu sein, zu heiraten, Kinder auf die Welt zu bringen und die ältere Generation zu versorgen. Kurzum, sie war Dienstmagd für alle. Diese Frauen waren nun froh, endlich einmal schnell verdientes Geld auf die Hand zu bekommen. Putzen, ja putzen, das konnten sie bestimmt. Das schönste daran, es war in den Abendstunden, nach dem eigenem Feierabend und dem der großen Firmen. Sie wurden für zwei bis drei Stunden kostenlos abgeholt und wieder zurück gebracht, für einen Stundenlohn von 1,80 DM, einschließlich sozialer Abgaben.

In einer Stunde sollten 120 qm geputzt und nachgebohnert sein. Grundreinigungen wurden davon ausgeschlossen. Andere Frauen gingen zu Kulturarbeiten in den Wald, sie räumten die von Waldarbeitern abgeholzten Flächen sauber, hackten Rillen zum Bepflanzen junger Bäumchen. Dabei hütete sie der Förster wie ein Schäfer seine Herde und rechnete ihnen vor, wenn eine Frau eine fünfminütige Pause einlege, so hätte der Staat bei zwölf Frauen einen Verlust von einer Stunde. Ja, Zeit bedeutete eben Geld."

Es gibt vor allem zwei Neuerungen, die das dörfliche Alltagsleben innerhalb kürzester Zeit geradezu auf den Kopf stellten, und zwar in allen Lebensbereichen: das Auto und das Fernsehen.

Die Kinder der 60er Jahre sind die letzte Generation, die ohne Fernsehen aufwuchs - zunächst. Man war eigentlich immer draußen.

Fasching Ende der 60er mit dem neuen Fernseher ... (Foto: privat, Grundblick-Archiv)

Man spielte in den Höfen, den Gärten, den Scheunen, im Wald. Und selbst diejenigen, deren Eltern keine Bauern waren (und das waren die meisten), halfen bei der Ernte. Sogar der Schulunterricht spielte sich oft draußen ab, vom Lehrer bekamen die Schüler die Pflanzen der heimischen Umgebung gezeigt. Das änderte sich auch erstmal nicht, als immer mehr Familien einen Fernsehen bekamen. Das erste, was ich im Fernsehen sah, war das WM-Finale 1966 beim Nachbarn, wozu sich die ganze Nachbarschaft unserer Straße versammelt hatte. Als wir selbst Ende der 60er Jahre einen Fernseher bekamen, sah ich Serien wie "Mit Schirm, Charme und Melone" und diese wurden dann - draußen im Garten - leicht verändert mit den Nachbarkindern "nachgespielt"...

Schleichend und doch in rasantem Tempo erschloss sich über den Fernseher eine fremde, neue Welt.

Ergänzend dazu führte das Auto zu einer nie gekannten Mobilität - und das für alle sozialen Schichten im Dorf. Denn die über Jahrhunderte bestehenden massiven sozialen Unterschiede im Dorfleben waren auch in den 60er Jahren noch präsent. Die wenigen Vollerwerbs-Bauern, sowie Ärzte, Pfarrer, Lehrer standen sozial weit über denjenigen die zumeist für die Bauern arbeiteten: Knechte, Mägde, Tagelöhner, Arbeiter. Zunehmend aber gab es weniger Arbeitsplätze im Dorf, sondern vielmehr außerhalb: als Maurer, Straßenarbeiter, Arbeiter in Fabriken und so weiter. Für die "Herren" im Dorf, die auch früher schon über Fahrzeuge verfügten, war es zum Teil unerhört, dass die "niederen" Schichten sich eigene Autos leisten konnten. Ich weiß noch, dass mir meine Mutter erzählte, als sie Ende der 60er Jahre mit dem ersten eigenen Auto ins Dorf kam, einer der "großen" Bauern im Dorf zu ihr sagte: Wenn die Arbeiter schon Autos haben, dann müssen wir Bauern uns ja jetzt Hubschrauber anschaffen...

Auto und Fernsehen bewirkten in den Köpfen der Menschen - insbesondere natürlich bei den jüngeren - das die dörfliche Welt ihre Geschlossenheit verlor. Als Kind habe ich noch sehr lange geglaubt, drei Dörfer weiter, da wo unser Tal aufhörte, würde die Welt aufhören.

Aber die Welt jenseits unserer Dörfer und Täler kam näher und näher und gleichzeitig wuchs das Verlangen danach, diese Welt kennenzulernen.

An diese Zeit erinnert sich auch Martin Hammann, in den 60er Jahren in Bottendorf aufgewachsen, der einige Zeit im Marburger Land gelebt hat. In der Grundblick-Ausgabe, April 2010, schreibt er:

" (...) Im Frühjahr und Herbst gab es Manöver. Für uns Kinder bedeutete es eine Attraktion, wenn die Militärfahrzeuge mit ihren Tarnnetzen im Dorf, und auch im Pfarrhof standen, oder wenn die ratternden, donnernden Panzer- und Spähwagen-Kolonnen durch den Ort rollten, von denen aus die Soldaten uns Kekse oder Schokolade zuwarfen. Einmal bekam ein Panzer die Kurve nicht. Er durchbohrte die Wand von "Großes" Haus, einem der stattlichsten Fachwerkhäuser Bottendorfs, mit dem Kanonenrohr.

Bis in die 60er Jahre waren die Verhältnisse in Deutschland von Bescheidenheit gekennzeichnet. Auf dem Land gab es zunächst wenige Autos. In der Landwirtschaft waren Pferde als Nutztiere im Gebrauch, wie der Kaltblüter bei

Fachwerkhäuser in den Dörfern wurden vielfach abgerissen ... (Foto: privat, Grundblick-Archiv)

"Reesen", unseren Nachbarn. Kutschen dienten zum Transport landwirtschaftlicher Güter.

Einige von uns Kindern hielten sich des Öfteren in der Müllkippe des Ortes auf, der "Kohlstärre" auf dem Sauberg. Dort suchten wir Weinetiketten für unsere Sammlung. Sie trugen klangvolle Lagebezeichnungen wie "Himmlisches Moseltröpfchen", "Martinsthaler Wildsau" oder "Kröver Nacktarsch". Wir fanden ausrangierte Kinderwagen, die wir zu Seifenkisten umbauten. Wie mein Freund Reinhard viele Jahre später berichtete, habe er auf dem Weg zur "Muna" eine noch ergiebigere Müllkippe gekannt, wo man noch mehr Schätze an Land habe ziehen können ...

Das geringe Taschengeld, das wir in jenen Jahren erhielten, suchten wir aufzubessern, in dem wir sonntags auf dem Fußballplatz oder einmal im Jahr beim "Fest" umherliefen und die leeren Flaschen einsammelten. Mit Milchkannen ging es in die Himbeeren, die zu sammeln ein kleines Entgelt mit sich brachte."

Das sogenannte Wirtschaftswunder wirkte sich auch auf dem Dorf aus. Die Welt begann größer zu werden, viel größer. Mit dem Fernsehen sah man die Welt da draußen, jedenfalls vermeintlich, und mit dem Auto, welches bald für nahezu alle Familien verfügbar wurde, hatten Entfernungen eine bislang nie gekannte Dimension. Man konnte einfach mal einen Tagesausflug nach Frankfurt zum Flughafen machen....

Aber es verschwanden auch bis dahin wesentliche Identifikationsmerkmale wie Fachwerkhäuser oder die Eigenständigkeit des Dorfes.

Dazu äußert sich Martin Hammann im Grundblick, Ausgabe Mai 2010:

" (...) Mit dem aufkommenden Wohlstand kam der Fernseher in die deutschen Haushalte. Da wir kein Gerät besaßen, wichen wir ins Dorf aus, um Sendungen mitverfolgen zu können. Jeden Samstag ging es um 18.00 Uhr zur Sportschau bei "Schmeeds", manchmal spät am Abend zu Trips in die Baumgartenstraße, wo die Fußball-Europapokal-Kämpfe zwischen Bayern München und Real Madrid, oder Ajax Amsterdam angeschaut wurden. Kinder- und Abenteuerfilme liefen bei Reesen, wo wir auch nachts vor der Flimmerkiste hockten, um bei den Boxkämpfen zwischen Muhamed Ali und Joe Frazier, bzw. George Foreman mitzufiebern.

(...)

In diesen Jahren setzte eine rege Bautätigkeit ein. Etliche der alten Fachwerkhäuser verschwanden. An die Stelle traten moderne Anwesen. Neubaugebiete, wie auf dem Königsberg, schossen wie Pilze aus dem Boden. Diese Entwicklung machte auch vor der Kirche nicht halt. Das Pfarrhaus, die Pfarrscheune und die Kirche, allesamt Fachwerkbauten, wurden nacheinander abgerissen und durch neue Gebäude ersetzt. Nachdem die alte Kirche an einem Sommertag mittags um 12.00 Uhr zum Einsturz gebracht worden war, halfen wir mit, die stehengebliebenen Sandsteinsockel abzubrechen. Bei den Fundamentierungsarbeiten für die neue Kirche kamen Gebeine zum Vorschein, die aus dem ganz alten Friedhof stammten. Schädel und Knochen wurden gesammelt und an zentraler Stelle neu beigesetzt.

Zum damaligen Aufschwung gehörte die kommunale Gebietsreform Anfang der 70er Jahre. Als überzeugte Lokalpatrioten waren wir mit ihr alles andere als einverstanden. Bottendorf sollte in der Großgemeinde Burgwald aufgehen? So hissten wir am Tag des Inkrafttretens der Gebietsreform im Ort schwarze Fahnen."

Sonntagsausflug in den 60er Jahren... (Foto: privat, Grundblick-Archiv)

Kindheit und Aufbruch: Fußball ist unser Leben

Übergreifend betrachtet nahm der Fußball in den 1960er Jahren den Anfang einer rasanten Entwicklung.

Zurückblickend ist festzustellen, dass die Anfänge des Fußball auf dem Dorf im Wesentlichen in den 1920er Jahren liegen, vielfach als Abteilung der schon bestehenden Turnvereine. Wesentlich für den Erfolg des Fußballs war, dass er sich nicht einer sozialen Gruppe zuordnen ließ, sondern Anhänger in allen gesellschaftlichen Schichten fand. Liest man in Chroniken von Vereinen in unserer Region, so stößt man damals vor allem auf die Problematik Sportplätze für den Fußball zu schaffen. Der Siegeszug des Fußballs begann vor allem nach dem 2. Weltkrieg. Recht schnell fanden sich Sportler zusammen, die die brach liegende Vereine wieder neu belebten. Dabei ging es für die Vereine zunächst vor allem darum, wieder neue Sportplätze zu schaffen, auf dem in Punkterunden geregelt Fußball gespielt werden konnte.

In den 1960er Jahren wurde Fußball zunehmend Fernsehereignis und trug umgekehrt mit dazu bei, dass sich das Fernsehen zu einem überall verfügbaren Massenmedium entwickelte. So war das WM-Finale 1966 in London England-Deutschland eines der ersten gesellschaftlichen Fernsehereignisse und noch heute sorgen Fußballübertragungen für die höchsten Einschaltquoten.

In unseren Dörfern dominierten bei den Sportvereinen die Fußballabteilungen. Gerade im Jugendfußball wurden die Spieler aus dem Fernsehen zu Vorbildern. Anders als heute fanden allerdings die Anfänge, wenn Kinder Fußball spielten, auf der Straße - genauer gesagt auf irgendeiner Wiese - statt und nicht durchorganisiert im Verein. Die Kinder und Jugendlichen nahmen das selbst in die Hand.

Für uns Jungs vom Dorf hatte der Fußball eine immense Bedeutung. Sport- und Freizeitangebote im heutigen Sinne gab es nicht und so traf man sich jeden Tag, bei jedem Wetter, auf irgendeiner Wiese des Dorfes zum Fußballspielen. Das führte natürlich gelegentlich auch zu Ärger mit Nachbarn, wenn der Ball mal wieder in irgendeinen Garten flog. Auf den Sportplatz durfte man zumeist nicht - der sogenannte Rasen war vom Vereinsfußball schon ramponiert genug. Und so verwandelten wir uns täglich zu Beckenbauer, Müller, Netzer, Overath, Vogts - je nach Spielweise. Die Hausaufgaben blieben da schon mal liegen und auch in schneereichen Winterzeiten wurde zumeist das Fußballspielen im Schnee dem Schlittenfahren vorgezogen. Es war nicht nur der Mangel an Alternativen, die das Fußballspielen zum Lebensmittelpunkt werden ließ. Darin lebte auch die Sehnsucht nach der großen, weiten Welt, die stillen Träume selbst ein Beckenbauer, Müller, Overath zu werden. Und für die Zeit des Fußballspielens auf der Wiese war man es ja - es existierte nur das Spiel, und das war größer als alles andere.

Als Kind nahm mich mein Vater mit in ein Bundesligastadion nach Offenbach. Da spielte der FC Bayern München mit Franz Beckenbauer. Wie der den Ball drehen ließ. Diese Eleganz. Wie der sich bewegte! Der Ball flog eine Kurve und kam genau dort an, wo er ihn hin haben wollte. Einfach aus dem Fußgelenk, scheinbar mühelos, ohne Anstrengung. Das war das Glück. Und im Spiel war man glücklich. Man litt, schimpfte, rannte, heulte. Aber man war glücklich. Das alleine war es wert, zu leben.

Diese Leidenschaft spiegelte sich dann auch in den Fußballvereinen und wirkte sich insbesondere in den 1970er Jahren aus. Die Ligaspiele der Dorfvereine erreichten Sonntag für Sonntag erstaunliche Zuschauerzahlen, von denen Amateur-Vereine heute nur träumen können. Und es gab eine richtige "Fan-Gemeinde", die auch zu den Auswärtsspielen mitfuhr.

Diese Begeisterung an der "Basis" trug sicherlich umgekehrt entscheidend zu dem enormen Stellenwert bei, den der Fußball heute sowohl gesellschaftlich als auch wirtschaftlich hat.

Über Fußballerinnerungen, aber auch andere Spiele im Dorf schreibt auch Martin Hammann im Grundblick, Ausgabe September 2010:

"Breiten Raum nahm in unserer Kindheit das gemeinsame Spielen im Freien ein. Auf dem Pfarrhof spielten wir mit Hilfe einer über den Hof gespannten Schnur Faustball, oder Hockey, bzw. im Winter Eishockey mit selbstgezimmerten Toren und Schlägern. Wir hielten uns auf Trab mit Dosen- und Hürdenlauf. Dabei dienten Mülltonnen und Holzklötze, Bretter und Bohnenstangen als Material. Im "Heim" spielten sich Tischtennisschlachten ab. Klickerspielen war beliebt, hauptsächlich bei den Mädchen Nickelkästchen, und den Sand rauf und runter wurde Rollschuh gefahren. Auf dem Pflaster mitten auf der Dorfbrücke oder vor der Gastwirtschaft Boßhammer ließ man sich zu ausgiebigen Monopoly-Runden nieder. Besondere Hinwendung verdient unsere seinerzeitige Fußball-Leidenschaft. Die Dorfjugend versammelte sich zum Ende der Mittagspause, nachmittags um 15.00 Uhr auf der Nemphebrücke im Ortszentrum, um den Pfarrhof zu stürmen. Die Jagd nach der runden Plastikkugel, um Spielanteile und

Fußballspielen vorm Haus (Foto: privat, Grundblick-Archiv)

Tore war eröffnet. Man hatte den Ball im "Netz" versenkt, wenn er durch die Tür des Holzschuppens, auf der anderen Hofseite durch das Törchen, das zum Pfarrgarten führte, befördert wurde. Im Eifer des Gefechts gingen immer wieder einmal Scheiben zu Bruch. Wurde der Ball über's Schuppendach geschossen, landete er unweigerlich in der dahinter fließenden Nemphe. Oder es wurde so fulminant in den Schuppen geschossen, dass das Geschoß auf dem Dachboden oder in Holzstapeln verschwand und nur mühsam hervorgekramt werden konnte. Lacherfolge erzielten unabsichtlich durch die Luft fliegende Schuhe. Kehrte mein Vater von seinen Dienstpflichten als Pfarrer zurück, spielte er im obligatorischen schwarzen Anzug eine Runde Fußball mit.

(...)
Wer sich daneben benahm, musste mit einer zeitweiligen Spiel- oder gar Hofsperre rechnen. Gespielt wurde bis in die Dunkelheit. Manchmal, wenn die Pfarrersleute zu einer kirchlichen Abendveranstaltung aufgebrochen waren, wurde auf dem Pfarrhof die Flutlichtanlage angeworfen. Alle verfügbaren Beleuchtungen des Pfarrhauses und Heims, der Garage und des Schuppens, ja eine Stehlampe des Posaunenchores wurden in Gang gebracht. Die Kick-Runde im Mondschein endete abrupt; wenn vom Rotlehm her die Motorengeräusche eines DKW, später Audi zu hören waren. Dann hieß es: Alle Lichter in Windeseile gelöscht und ab in die Federn - als wäre nichts geschehen."

Abschied von der Dorfschule

In der Schulstruktur hatte sich in der Nachkriegszeit wenig geändert. Es dominierte auf dem Land die Dorfschule, das Bildungsgefälle zwischen Stadt und Land war enorm. Es waren zunächst aber eher praktische Erwägungen, welche die Diskussion um gemeindeübergreifende Schulen in Gang setzte. Man konnte in einzelnen Dörfern der großen Schülerzahl weder personell noch räumlich gerecht werden. So gab es vom damaligen Schulrat Vorschläge zur Organisation von Volksschuloberstufen. Das stieß weder bei Bürgermeistern noch in der Elternschaft auf ungeteilte Zustimmung, fürchtete man doch das Ende der "guten alten Dorfschule". In der Chronik "Ebsdorfergrund - Einblicke in eine lange Geschichte" schreibt dazu Wolfgang Vits:

"Die zum Teil leidenschaftlich geführte Auseinandersetzung um die richtige Entscheidung wurde in den 60er Jahren durch pädagogische Themen beeinflusst, die bundesweit unsere Nachkriegsgesellschaft beschäftigten.

Es gab ein tatsächliches Bildungsgefälle von der Stadt zum Land. Kinder der sozialen Ober- und Mittelschicht in den Städten stellten den Großteil der Schulabgänger mit qualifizierten Schulabschlüssen. Landkinder aus Bauern- und Arbeiterfamilien waren nur mit einstelligen Prozentpunkten daran beteiligt. "Chancengleichheit" für alle Schüler, ohne Unterschied ihrer sozialen Herkunft und ihres Geschlechts, wurde zum Schlagwort dieser Jahre. Diese ließ sich nicht nur durch ein besseres Angebot an Schulraum, Ausstattung und qualifizierten Lehrern organisieren, sondern musste auch durch gezielte Bildungswerbung in den Familien vorbereitet werden, denen bisher die gute, alte Dorfschule genug Bildung für ihre Ansprüche vermittelt hatte.

"Lehrer aufs Land" lautete eine der Parolen. Die Nachkriegsgeneration junger Lehrer musste bei Elternabenden Überzeugungsarbeit leisten, damit von manchen Familien auch für die begabten Töchter das Tor zur Chancengleichheit schulischer Bildung aufgestoßen wurde. - Das ist 40 Jahre später kaum noch begreiflich. -

Ein weiterer Slogan in der Bildungsdiskussion war: "Die Begabtenreserven des Landes" zu aktivieren. Unter dem Eindruck der Veröffentlichung "Die deutsche Bildungskatastrophe" des Heidelberger Professors Georg Picht, der behauptete, Deutschland drohe die Provinzialisierung, es verliere seine einst dominierende Stellung in Forschung, Technik und Industrie, weil es zu wenige Abiturienten und

Auslaufmodell: Dorfschulen... (Foto: Dorfschule Roßberg, Grundblick-Acrhiv)

Fachschüler ausbilde, drängten die Regierungen der Bundesländer, die potentiellen Reserven der Begabten auf dem Lande für mehr qualifizierte Bildungsabschlüsse zu mobilisieren."

In den 60er Jahren war es dann soweit: erste Mittelpunktschulen wurden gegründet. So begann z. B. am 2. Mai 1962 der Unterricht an der Mittelpunktoberstufe des Ebsdorfergrundes in Heskem mit 249 Schülern der Jahrgänge 5 bis 8. Dazu gehörten die (damals noch selbständigen) Dörfer Beltershausen, Dreihausen, Heskem, Ebsdorf, Leidenhofen, Rauischholzhausen und Roßberg. Die anderen, heute zur Gemeinde Ebsdorfergrund gehörenden Dörfer stießen nach und nach dazu. Bis zum Ende der 60er (ab 1970) gingen auch die Schüler der heute zu Amöneburg gehörenden Dörfer Mardorf und Roßdorf, sowie Moischt (heute Ortsteil von Marburg) in die gemeindeübergreifende Schule in Heskem. Im Laufe der Jahre folgten weitere Reformen: ein Realschulzweig bis zur Klasse 10 wurde 1966 beschlossen.

Es ging aber zunehmend in dieser Zeit auch um die inhaltliche Neugestaltung des schulischen Lernens. Eine Vorreiterrolle spielte hier die Gesamtschule Kirchhain, eine der ersten drei Schulen dieser Art in

Hessen. Sie wurde "Vorbild für die Erweiterung der bestehenden Mittelpunkthauptschulen des Landkreises zu ländlichen Schulzentren mit einem gymnasialen Zweig", wie Wolfgang Vits weiter schreibt.

Abschied von der Dorfschule - auch das Ende unserer Sprache, dem "Platt"?

Wie beschrieben kamen in den 1960er Jahren grundlegende Schulreformen bei uns auf dem Land in Gang. Dies betraf zunächst allerdings seltener die Grundschulen, bei denen die Dorfschulstruktur erst einmal erhalten blieb. Noch waren ja auch die einzelnen Dörfer selbstverwaltet und hatten ein großes Mitspracherecht bei den Schulen. Doch noch bevor dann in den 1970er Jahren die große hessische Kommunalreform die heute üblichen Gemeinden entstehen ließ und die kommunale Selbstständigkeit der Dörfer abschaffte, gab es auch bei Grundschulen schon Zusammenlegungen von Nachbardörfern auf freiwilliger Basis. So konnten einzelne Schulklassen pro Jahrgangsstufe geschaffen werden.

Doch bei der Schulreform ging es nicht nur um Verwaltungsstrukturen, sondern auch um Inhalte, vor allem darum, das Bildungsgefälle zwischen Stadt und Land zu verringern. Dieser extrem positive Ansatz verhinderte allerdings nicht, dass dorfspezifische Inhalte - gerade auch in der Grundschule - zunehmend auf der Strecke blieben. Einer der größten Irrtümer dieser Zeit war es, dass von der Schulseite aus die Eltern angehalten wurden, ihren Kindern das "Platt", also den Dialekt nicht mehr beizubringen, "Hochdeutsch" mit den Kindern zu sprechen, weil das für ihre Entwicklung besser sei. Ein Irrtum, wie man heute weiß. Und nicht nur das; die Sprache unserer Dörfer - und damit der wesentliche Teil unserer Identität - war durch diese Entwicklung schlichtweg vom Aussterben bedroht. Zum Glück ist dies nicht geschehen, noch existiert unsere Sprache - wenn auch verändert, manche Wörter kennen nur noch die Älteren - und natürlich sprechen in der jüngeren Generation immer weniger "platt". Aber; heute sprechen durchaus Eltern mit ihren Kindern wieder "platt" und somit besteht die Chance, dass sich die Sprache erhält.

Ich gehöre gerade noch zu der Generation, die vor der Einschulung ausschließlich mit "platt" aufgewachsen ist. Zur Wahrnehmung des in die Schule Kommens ein kleiner Ausschnitt aus dem Buch "Zerbrochene Zeit" (Verlag Buchlabor Dresden):

"In der Schule muss ich eine neue Sprache lernen; vornehm, wie der

Pfarrer und die Lehrer sprechen. Der Sand unter dem großen Kirschbaum brennt auf meinen Armen. Ich trinke gierig die Sommerluft. Frau Bohl hat eine Trillerpfeife im Mund. Sie lässt uns antreten. Ich gehorche. Es gibt einen Mädchen- und einen Jungensektor auf dem Schulhof. Das Überschreiten der Grenze ist verboten. Neben der Weitsprunggrube steht die alte Kastanie. Ich bin gerne dort unter ihren riesigen Blättern. Ich schaue den anderen zu und semiliere. Ich lerne vornehm zu sprechen ... "

Natürlich ist es auch nicht nur die Sprache, die damals zunächst auf der Strecke blieb, wenn es um Schulinhalte ging, sondern auch kulturelle Überlieferungen aus unserer Region, wie die Tracht, Tänze oder Bräuche - aber auch sozialgeschichtliche Themen wie die dörfliche Klassengesellschaft, die es selbstverständlich auch in allen anderen ländlichen Regionen Deutschlands gab.

Kommunalpolitische Strukturen

Wie wählte man eigentlich auf kommunaler Ebene in den 60er Jahren, wie waren damals die kommunalpolitischen Strukturen? Zunächst fällt auf, dass es in Dorfchroniken seltsamerweise wenige Informationen darüber gibt. Ordnet man es in die gesamtpolitische Situation dieser Zeit ein, so spielte die lebhafte parteipolitische Auseinandersetzung sowie die Veränderungen der Konstellationen auf Bundesebene (Große Koalition Mitte der 60er, schließlich erste Koalition von SPD und FDP) bei uns auf dem Land keine große Rolle. Bei den Wahlen gab es häufig gar keine Parteienlisten, wie wir sie heute kennen.

Das liegt sicherlich auch daran, dass es die heutigen Strukturen der Großgemeinden zu dieser Zeit noch nicht gab. Es herrschte noch die Selbstverwaltung der einzelnen Dörfer. Und da hatten meistens die Parteizugehörigkeit oder "Links-Rechts"-Denken keine große Bedeutung. Andererseits war in der Nachkriegszeit, auch als Reaktion auf die soziale Klassengesellschaft der dörflichen Strukturen, ein neues proletarisches Klassenbewusstsein entstanden, welches in einigen Dörfern zu einer starken SPD führte, die sich damals eindeutig als Partei der Arbeiterklasse positionierte.

Die konkreten kommunalpolitischen Inhalte hatten damit allerdings wenig zu tun. Es ging im Wesentlichen um den Aufbau einer modernen Infrastruktur. Kanalbau, effektive Wasserversorgung, Errichtung von Dorfgemeinschaftshäusern, Straßenausbau - dies waren die vordringlichen Themen.

Helmut Krause schreibt in seiner Beltershausen-Chronik beispielhaft über die Arbeit des damaligen Bürgermeisters von Beltershausen: "In seiner etwa zehnjährigen Amtsperiode als Bürgermeister hat Helmut Nau mit großer Energie an der Modernisierung seines Dorfes gearbeitet und die Finanzkraft des Dorfes und die Zuschüsse des Landes und des Kreises ausgenützt. Er konnte bei allen Maßnahmen mit einer zunehmenden Unterstützung der Öffentlichkeit und der Gemeindevertretung rechnen. Er konnte immer Gruppen von freiwilligen Helfern finden, die in Tausenden von Stunden ihre Eigenleistungen in vielen Bauvorhaben einbrachten. (...) Das Bürgerhaus, amtlich Dorfgemeinschaftshaus genannt, wurde Sitz der Gemeindevertretung und bot nun auch Raum für Sitzungen der Gemeindegremien, die bislang in den Gastwirtschaften oder im Jugendheim eine provisorische Bleibe hatten. Der große Saal mit anschließender Bühne, mit dazugehörenden sanitären Einrichtungen und der

Küche wurde nun Mittelpunkt zahlreicher Veranstaltungen der Vereine und politischen Parteien, der Familien- und Dorffeste."

Wie bereits im Teil über die Schulen beschrieben, hatten die eigenständigen Dörfer einen großen Einfluss auf die Schulentwicklung. Mit der dort einsetzenden Schwerpunktsetzung durch Mittelpunktschulen, wurde auch die Idee der Zusammenlegung von Dörfern zu einer übergeordneten Gemeinde zunehmend diskutiert. Durchaus sehr kontrovers. Denn diese Idee zu Zusammenlegungen, aus der schließlich die hessische Gebietsreform wurde, kam häufig "von oben" - so jedenfalls die Wahrnehmung und stieß in vielen Dörfern auf Ablehnung. Man fürchtete zu viel der Eigenständigkeit und somit auch der Identität abgeben zu müssen. Doch es gab gute Gründe für eine effektivere Verwaltung und so schlossen sich einige Dörfer freiwillig zu einer "Großgemeinde" zusammen (z. B. auch im Ebsdorfergrund), noch bevor dann in den 70er Jahren die vom Land Hessen verordnete Gebietsreform in die Tat umgesetzt wurde und die heutigen Kommunalstrukturen entstanden.

Gemeindevertretung von Beltershausen, kurz vor Beendigung der Eigenständigkeit (Foto: Chronik Beltershausen von Helmut Krause, Grundblick-Archiv)

Verkehrsentwicklung auf dem Land

Heute sehen Verkehrsforscher, die zukunftsorientiert denken, den Ausbau des Schienenverkehrs - besonders in ländlichen Gebieten - als entscheidend dafür an, dass der Kollaps auf den Straßen, insbesondere was den Transport von Gütern betrifft, verhindert werden kann. In den 1960er Jahren sah das genau anders herum aus. Zu den damaligen Utopien aller Parteien in Deutschland gehörte es, innerhalb weniger Minuten von jedem Dorf auf einer Autobahn zu sein. Der konsequente Ausbau des Individualverkehrs war das Symbol für den Fortschritt gegen den es damals praktisch keine nennenswerte Opposition gab.

In unserer Region führte dies dazu, dass der Schienenverkehr der Marburger Kreisbahn, (Ebsdorfergrund) der Ohmtalbahn (um die Amöneburg) oder der Bahnstrecke Niederwalgern Richtung Gladenbach Stück für Stück zurückgebaut und schließlich stillgelegt wurde. Beispiel Kreisbahn: Der Personenverkehr vom Ebsdorfergrund nach Marburg wurde auf der Schiene 1956 eingestellt, der Güterverkehr dann später 1973. Personen wurden jetzt mit Bussen befördert, doch auch hier sank das Angebot immer mehr zugunsten des wachsenden Autoverkehrs. Erst vor wenigen Jahren wurde der öffentliche Personennahverkehr in die Dörfer rund um Marburg in einer bemerkenswerten Reform erstmals seit der Nachkriegszeit wieder verbessert, anstatt verschlechtert wie sonst üblich.

Zu der Verkehrsituation zwischen Marburg und den Dörfern in dieser Zeit ein Auszug aus einer Beschreibung in der Chronik "Der Ebsdorfer Grund":

"Mit der Zunahme des Privatverkehrs in unserem Raum mussten zwangsläufig Verkehrsengpässe und Unfallschwerpunkte entstehen. Wer in den frühen sechziger Jahren täglich zur Arbeit nach Marburg fuhr, wird sich noch gut erinnern: Die beiden Bahnschranken am Haupt- und Südbahnhof von Marburg, die man nur selten ohne Wartezeiten (manchmal bis zu einer halben Stunde) passieren konnte, wurden regelrecht zum öffentlichen Ärgernis. In den späten 60-er Jahren wurde die Schranke an der Neuen Kasseler Straße durch eine Brücke ersetzt, während man die Verkehrsführung am Südbahnhof so änderte, dass der Bahnübergang dort überflüssig wurde.

Auch die Bundesstraße Nr. 3, eine der großen Nord-Südverbindungen Deutschlands, war nach dem Krieg dem ständig wachsenden Verkehr nicht mehr gewachsen. Ein Unfallschwerpunkt waren die gepflaster-

Alter Bahnhof Dreihausen mit Käfer und Diesellok (Foto: Chronik Ebsdorfergrund. Grundblick-Archiv)

ten Serpentinen bei Wolfshausen (die wir heute noch im Gelände der Motocross-Bahn sehen können). Auch die Streckenführung der Bundesstraße 3 in der Stadt Marburg über den noch gepflasterten Krummbogen zwischen Haupt- und Südbahnhof wurde zunehmend problematisch. So wurden alte Pläne wieder aktuell, diesmal nicht eine Bahnlinie, sondern eine die Stadt Marburg umgehende Autobahn durch den Ebsdorfer Grund zu legen. Auf diese Weise sollte auch der Unfallschwerpunkt am Cölber Eck beseitigt werden. Dort mündete der aus dem Raum Biedenkopf und dem Sauerland kommende Verkehr der Bundesstraße 62 in die Bundesstraße 3 ein."

Leider wurde in den 1960er Jahren nicht nur der Bahnverkehr in unserer ländlichen Region weitgehend eingestellt, sondern es wurden auch die Gleisanlagen abgebaut. So ist eine Wiederbelebung dieser durch die heute technische Entwicklung zukunftsorientierten Verkehrsform natürlich erschwert. Dennoch wird es für unsere Dörfer von entscheidender Bedeutung sein - insbesondere angesichts der demografischen Entwicklung - neue, intelligente Antworten auf die Erfordernisse der Mobilität zu finden, anstatt ausschließlich auf das private Auto zu setzen...

Der Wald in unserer Region

Lange bevor die Dörfer in unserer Region zu existieren begannen, gab es den Wald. Nach der letzten großen Klimaveränderung und dem Ende der Eiszeit setzten sich bei uns Laubmischwälder durch, vornehmlich geprägt von Eichen und Buchen. Urwälder bestimmten die Gegend, mit einer ungeheuren Artenvielfalt von Pflanzen und Tieren. Ganz allmählich erkennt man heute wieder den Wert solcher Urwälder, letztlich für die Weiterexistenz des Lebens auf der Erde - und dies nicht nur am Amazonas. So wurde vor noch nicht allzu langer Zeit ganz bei uns in der Nähe, am Edersee, ein Buchenwald im dortigen Nationalpark zum UNESCO-Weltnaturerbe erklärt.

Doch nicht erst als Folge der Industrialisierung wird die Existenz des Waldes bedroht. Schon im 19. Jahrhundert war es die sich ausbreitende Landwirtschaft in unserer Region, die keine Rücksicht auf den Waldbestand nahm.

Dagegen steht der Wald als Lebensgrundlage der Menschheit, als Erholungsgebiet, Biotop, Klimaschützer. Aus dem Interessenskonflikt im Kleinen zwischen Landwirtschaft und Wald, ist der grundlegende Interessenskonflikt zwischen profitorientierter Ausbeutung und Lebensgrundlage geworden.

Doch zurück ins 19. Jahrhundert:

In der Beltershäuser Chronik schreibt Dr. Helmut Krause: "Lapidar heißt es im Steuerkataster von 1845 in § 23: Die Gemeinde besitzt keine eigenen Waldungen, sondern wird aus der Staatswaldung ... beholziget. Was das durch die Jahrhunderte bedeutet haben mag, können wir nur ahnen, lieferte doch der Wald das wichtigste Material für den Bau der Fachwerkhäuser, für die meisten landwirtschaftlichen und häuslichen Geräte, für Möbel und Hausrat; er lieferte das Brennholz zum Kochen und Heizen, Streu für das Vieh, das Material für die Weidezäune und Einfriedungen; Wald war nicht zuletzt auch die Weide für Kühe, Schafe, Schweine und Gänse."

Mit der zunehmenden Technisierung traten dann andere Rohstoffe an die Stelle des Holzes, auch die Landwirtschaft wurde immer mehr industrialisiert. Damit begann aber auch das "moderne" Leiden des Waldes vom "sauren Regen" bis zur großflächigen Rodung für Industrieanlagen, Flughäfen und Autobahnen.

Dabei ist der Wald mehr als ökologische Einheit, Sauerstoffspender und Naherholungsgebiet. Er ist auch Ort unserer Mythen und Märchen und damit wesentlicher Teil unserer geschichtlichen Identität.

Warum haben wir Angst im

Dunkeln in den Wald zu gehen? Reale Gefahren drohen nicht. Diese Angst rührt von Geschichten, die tief in uns sitzen. Natürlich wurden diese Ängste auch benutzt, um Kindern eine bestimmte, meist religiös geprägte Lebenseinstellung zu vermitteln. Angst vor Fabelwesen, die bedrohen, wenn man nicht "brav" also angepasst lebt. Aber vielleicht steckt auch ein gewisser Respekt darin, den Wald zu achten als Lebensgrundlage von uns allen.

Und deshalb brauchen wir die Urwälder, in die der Mensch in keinster Weise eingreift, nicht nur am Amazonas, sondern auch bei uns, in Eichen- und Buchenwäldern.

Der Wald - Identität der Region Marburger Land (Foto: Grundblick-Archiv)

Das Vereinsleben

Traditionell spielte sich das kulturelle Dorfleben in den Vereinen ab.

Wobei dies durchaus vielfältig und nicht beschränkt auf Konsumieren und Feiern war. So gab es z. B. in vielen Dörfern unserer Region regelmäßige Theateraufführungen im Rahmen von Vereinsaktivitäten. Der rege Zulauf der Vereine in den 50er Jahren setzte sich überwiegend zunächst auch Anfang der 60er Jahre fort. Das Dorfleben ging seinen gewohnten Gang, die allgemeine Nachkriegsstimmung entspannte sich, man musste sich überwiegend nicht in erster Linie um das Existentielle kümmern und hatte somit die Möglichkeit seinen Interessen nachzugehen, bzw. diese zu entwickeln. Noch gab es keine konsumorientierte Freizeitgestaltung in sogenannten Events oder das Internet.

Also engagierte man sich in Vereinen oder nahm zumindest die dortigen Angebote reichhaltig wahr. Aber es gab schon unterschiedliche Entwicklungen. So nahm in den Gesangvereinen das Engagement in den traditionellen Männerchören ab, während dafür das Interesse an gemischten Chören wuchs. Und beispielsweise im Gesangverein Schröck beklagte die dort beheimatete Theatergruppe ein Desinteresse, welches das Engagement lahm legte:

"...musste wieder eine Pause eingelegt werden, nicht zuletzt hervorgerufen durch Wirtschaftswunder, Berieselung durch Medien, Fernsehen und vieles andere. (...)" (aus der Chronik des Gesangvereins "Cäcila" Schröck)

Andererseits entstanden sogar viele Vereine neu, z. B. Dorfverschönerungsvereine oder welche, die sich mit Traditionen von Tanz und Tracht beschäftigten, wie z. B. die Volkstanz- und Trachtengruppe Beltershausen:

"In Beltershausen wurde am 4. Februar 1965 eine Gruppe der "Hessischen Vereinigung für Tanz- und Trachtenpflege" - "Deutsche Zeltjugend" (HVT/DZJ) gegründet, die dann als "Volkstanz- und Trachtengruppe Beltershausen" ein fester Bestandteil des dörflichen Lebens wurde. (...) Regelmäßige wöchentliche Tanzübungsstunden, Beschaffung Nähen von Trachten, Vorführung der Tänze bei Dorffesten und öffentlichen Ereignissen, bei Altennachmittagen, Mitwirkung bei der Kinderfastnacht u.a., Reisen zu Hessentagen und Trachtenfesten, Fahrten ins Ausland prägten das Lebens dieses Vereins."
(aus der Beltershausen-Chronik von Dr. Helmut Krause)

Aufbruch

Doch im Laufe der 60er Jahre begann auch auf dem Dorf eine allmähliche Veränderung. Die Jugendgeneration war nicht mehr im Krieg aufgewachsen. Man begann Fragen zu stellen und Bestehendes in Frage zu stellen - nicht nur in den Metropolen. Das waren auf dem Dorf erstmal nur Einzelne, die sogenannte Jugendzentrumsbewegung auf dem Land wuchs erst in den 70er Jahren zu größerer Bedeutung. Aber auch schon in den 60er Jahren begnügten sich nicht alle Jugendlichen mit Vereinsaktivitäten. Man hörte die "neue Musik" von Rolling Stones und Beatles und besuchte die ersten Clubs im nahegelegenen Marburg. Der Film "Als die Beatles fast nach Marburg kamen" beschreibt auf beeindruckende Weise das sich verändernde Lebensgefühl und die Widersprüche der Generationen in dieser Zeit. Und schwenkt mit einigen gezeigten Beispielen auch über von der Stadt zu uns auf das Land.

Eine Aufbruchsstimmung entwickelte sich. Besonders jungen Menschen genügte die festgefügte Dorfstruktur nicht mehr und man suchte nach neuen Lebensformen, zunächst einmal in der Phantasie - oder indem man das Dorf verließ.

Bald wird es Clubs und Jugendzentren auch auf dem Dorf geben und das vor allem als klare Abgrenzung zu den traditionellen und somit als "bürgerlich-spießig" wahrgenommenen Vereinen...

Von solchen Phantasien und Sehnsüchten handelt auch das Theaterstück "Offm Eschbann", ohne dass es auf die Zeit der 60er Jahre festgelegt wäre.

Aus der Sicht des Kindes wird das Gefühl dieser Sehnsucht beschrieben:

"Ich saß in der Küche. Die Lisbeth war noch da. Sie saß auf dem Stuhl am Küchentisch und mahlte Kaffee. Die Mühle auf ihrem Schoß, zwischen die Knie gepresst. Die ganze Küche war voll von dem Geruch. Ich saß auf dem großen Holzkasten, in dem das Holz für den Herd war. Ich schaute aus dem Fenster. Auf den Weg, den Eschbann. Der ging zum Berg hoch. Bis zum Wald. Da ging mein Blick hin.

Schwerer Wind über dem Kartoffelacker. Den Eschbann hoch. Aufs Feld. Auf die Stikke. Da bin ich aufgewacht. Sitze beim Großvater auf unserem Ackergaul, dem grauen, starken Gaul, und sehe die Welt wie sie schwer ist, voll Furchen und Schlamm. Den Acker. Den Wald. Den Kartoffelgeruch, bitter-süß. Der Großvater schweigt. Seine feste, raue Hand auf meiner Schulter. Über der Stikke kann man die Welt sehen.

Ich hocke mitten im Tal, im Geruch von verwehender Erde, wenn der Oktoberwind den Nebel bringt aus dem Wald. Hocke da, mit verträumten Augen, und Händen, die in den Wind greifen, und zupacken, und fort wollen. Fort wollen."

Juust" aus dem Theaterstück „Offm Eschbann (Foto: Archiv des Theater Waggonhalle, Marburg)

V
Verdrängte Geschichte

Vorbemerkung

Der 9. November ist ein Gedenktag an die Pogromnacht 1938, als die Synagogen brannten und der aufgestaute Rassismus von sehr vielen Deutschen in Form von Judenhass seine Legitimation durch den Nazistaat bekam. Ungezügelt schaffte sich die Fratze der Gewalt ihren Raum gegen Juden und Andersdenkende und wer nicht mitmachte, schaute weg - von Ausnahmen abgesehen.

Wenn man daran zurückdenkt, geht es nicht darum, diejenigen, die weggeschaut haben, zu verurteilen, niemand von uns Jüngeren weiß, wie er sich verhalten hätte - es geht um Aufklärung, um Verstehen, um das Lernen daraus. Für das, was an Gegenteil von Aufklärung in der Nachkriegszeit geschah, gibt es leider keinen Gedenktag. Ungefähr 500.000 Deutsche wurden in der Nazizeit zu Mördern an Juden, Sinti und Roma, politischen Oppositionellen, Homosexuellen, Behinderten und psychisch Kranken. Nur ein Bruchteil - ca. 4.000 - von diesen 500.000 deutschen Mördern wurden in der Nachkriegszeit angeklagt - fast alle von den Alliierten, nicht von der deutschen Justiz.

Die deutsche Justiz der Nachkriegszeit war verseucht von Altnazis, das deutsche Justizministerium ganz besonders. Und bis in die Regierung Kohl der 1980er Jahre saßen immer ehemalige Nazis mit am Kabinettstisch. So fand die Justiz vor allem ein Trick, der es fast unmöglich machte, Nazimörder anzuklagen; es musste nämlich immer der einzelne konkrete Mord nachgewiesen werden, die Beteiligung an Massenmorden genügte nicht. Nach dem Auschwitz-Prozess (im Grunde der einzige ernsthafte Prozess gegen Nazimörder im Nachkriegsdeutschland) sorgte das braune Netzwerk in der Justiz dafür, dass die Masse der deutschen Mörder zukünftig geschützt wurde ...

Dieses Vorgehen betraf in der Nachkriegszeit natürlich nicht nur die „große" Politik und Justiz, sondern spielte sich selbstverständlich auch auf regionaler Ebene ab - und somit auch in unserer Region. Versuche, auf regionaler Ebene Verstrickungen in Naziverbrechen öffentlich zu machen, sind bis in die 1970er Jahre praktisch unbekannt. Als es in den 1980er Jahren die ersten ernsthaften Versuche gab - z. B. bezüglich des KZ-Außenlagers

89

Münchmühle bei Stadtallendorf, stieß dies in großen Teilen von Öffentlichkeit und Politik auf erbitterten Widerstand. Dieser Widerstand, sich damit ehrlich zu beschäftigen, ist bis in die heutige Zeit spürbar, wenn auch zum Glück nur noch bei einer Minderheit. Dies erlebte zum Beispiel die Historikerin Annamaria Junge, als sie sich mit dem jüdischen Friedhof in Rauischholzhausen beschäftigte.

Es gibt aber viele Beispiele der jüngeren Generation, auch Schulprojekte, die sich mit der Aufarbeitung verdrängter Themen und verdrängter Verbrechen der Nazi-Zeit beschäftigen.

In den folgenden Beiträgen von Patricia Kutsch lesen Sie beispielhaft von einigen solcher Aufarbeitungen: von der lange Zeit völlig ignorierten Ermordung von psychisch Kranken und Behinderten durch die Nazis, wo es auch in unserer Region Beispiele für gab, über die Deportierung von Sinti und Roma aus Dreihausen bis zur Judenverfolgung in Ebsdorf und Rauischholzhausen.

Dieses schändliche Verschweigen und Verdrängen muss endlich aufhören, auch in Chroniken, die sich mit regionaler Geschichte beschäftigen.

Willi Schmidt

Euthanasie im Dritten Reich - Der Mord an zwei Menschen aus Schröck

von Patricia Kutsch

Die Ermordung von Menschen mit psychischen Krankheiten und Behinderungen im Dritten Reich war - ebenso wie die Vernichtung der Juden - ein groß angelegter und professionell organisierter Massenmord, auch wenn selbst Adolf Hitler die Ermordung im geheimen anordnete, da er großen Widerstand aus der Bevölkerung befürchtete. Dennoch ist die Euthanasie ein Thema, über das kaum gesprochen wurde. Bisher ist es nicht komplett aufgearbeitet, bei vielen Opfern konnte bis heute deren Lebensweg nicht rekonstruiert werden.

Erhard Balzer aus Schröck hat sich mit diesem dunklen Teil deutscher Geschichte befasst und herausgefunden, dass zwei Menschen aus Schröck ebenfalls Opfer der Euthanasie wurden.

Zwei Opfer aus Schröck

Eine gebürtige Schröckerin fand mit 52 Jahren in Hadamar den Tod. Sie war Patientin der Landesheilanstalt in Marburg, wurde von dort im April 1941 nach Weilmünster verlegt. Weilmünster fungierte als Zwischenanstalt für die Tötungsanstalt in Hadamar. Von dort wurde die Frau mit 99 weiteren Patienten am 13. Juni nach Hadamar verlegt. Dies ist daher ihr wahrscheinlicher Todestag. Offiziell wurde den Angehörigen der 26. Juni 1941 als Todestag mitgeteilt. Im Kirchenbuch der katholischen Pfarrgemeinde in Schröck heißt es über die ermordete Frau: "Sie war geistig umnachtet."

Zum Opfer der Euthanasie wurde auch ein männlicher Schröcker. Er war ebenfalls Patient der Landesheilanstalt in Marburg, wurde von dort im Juni 1941 nach Herborn verlegt. Auch Herborn war eine Zwischenanstalt für Hadamar, wohin der junge Mann mit 29 weiteren Patienten am 4. Juli 1941 gebracht wurde. "Die Patienten eines solchen Transports wurden in der Regel noch am Tag der Ankunft in die im Keller der Anstalt befindliche Gaskammer geschickt und ermordet. Der 4. Juli 1941 ist daher als der Todestag (…) anzusehen. Das damals offiziell mitgeteilte Todesdatum und die Todesursache wurden falsch angegeben, um Angehörige und Behörden zu täuschen", heißt es in der Opferdatenbank der Gedenkstätte Hadamar heute. Offiziell verstarb der Schröcker laut Sterbeurkunde am 14. Juli 1941 um 3.20 Uhr. "(…)

müssen wir Ihnen zu unserem Bedauern mitteilen, dass Ihr Sohn, der im Rahmen von Maßnahmen des Reichsverteidigungskommissars in unsere Anstalt verlegt werden musste, am 14. Juli 1941 infolge Ruhr mit anschließender Kreislaufschwäche unerwartet verstorben ist", heißt es in einem Brief an den Vater des Ermordeten. Angeblich um "Ausbruch und Übertragung ansteckender Krankheiten" zu vermeiden, sei die Leiche sofort eingeäschert worden.

Ein Fragebogen als Entscheidungshilfe

In der Krankenakte des Ermordeten, die im Bundesarchiv verwahrt wird, heißt es, dass der Schröcker am 2. März 1940 in der Landesheilanstalt in Marburg aufgenommen wurde. Seine Diagnose: Debilität. Verwahrt ist in dieser Akte auch ein Fragebogen. Die Psychiatrien mussten diese Fragbögen zu jedem Patienten ausfüllen. Diese wurden dann drei Ärzten vorgelegt, die mit einem Plus oder einem Minus über Leben und Tod entschieden. Bei dem Schröcker entschieden diese Ärzte sich offenbar für eine Tötung. Im Fragebogen aus der Marburger Landesheilanstalt heißt es etwa,

Gedenktafel in Schröck (Foto: Grundblick-Archiv)

dass der Patient "nicht gehorcht" habe und "immer sonderlich gewesen" sei. Er "konnte nichts begreifen". Daher hatte er keinen Beruf, hat zu Hause Handlangerarbeiten übernommen. Zudem war der Schröcker laut Akte leicht reizbar, habe schon mal zugeschlagen, wenn ihm widersprochen wurde. Schließlich sei eine Nichte gestorben, was den Mann so aufgeregt habe, dass er nachts ohne Schuhe in der Kälte herumgelaufen sei, dabei habe er sich sämtliche Zehen erfroren. Weil die Familie ihn nicht mehr "halten konnten", sei er auf deren Wunsch in die Klinik eingewiesen worden. (BArch R179/24190)

Noch nicht alle Opfer zugeordnet

Ob noch andere Menschen aus dem Marburger Südkreis ein Opfer der Euthanasie wurden, kann die Gedenkstätte in Hadamar derzeit nicht feststellen. Nach Auskunft von Prof. Dr. Christina Vanja, Leiterin des Landeswohlfahrtsverband Hessen "Archiv, Gedenkstätten, Historische Sammlungen", ist bislang bei einem Drittel der Opfer der Wohnort noch unbekannt, bei zwei Dritteln der Opfer konnte noch nicht zugeordnet werden, wo sie vor der Aufnahme in eine Anstalt gewohnt haben.

Erhard Balzer kam durch Gerüchte, die im Dorf über verschwundene und plötzlich verstorbene Psychiatrie-Patienten kursierten, dazu, über die beiden verstorbenen Schröcker intensiver nachzuforschen. Seine Ergebnisse hat er in einem Essay veröffentlicht. Als studierter Historiker widmet er sich derzeit einer weiteren Aufarbeitung der Geschichte der Schröcker Euthanasie-Opfer. Durch seinen ersten Essay mit dem Titel "Auch in Schröck… ‚Euthanasie' im 3. Reich" haben sich ihm zahlreiche weitere Quellen erschlossen und sich einige Zeitzeugen gemeldet.

Die Euthanasie

Die Nazis stuften Menschen mit psychischen Erkrankungen und geistigen Behinderungen als "lebensunwertes Leben" ein. Die Schriften von Sigmund Freud, der nach Ursachen für psychische Erkrankungen suchte und noch dazu Jude war, wurden ab 1933 verboten. Dafür setzte sich der Sozialdarwinismus in den Köpfen der Nazis durch. Nach der Lehre von Charles Darwin, nach der durch Selektion in der Fortpflanzung nur die Stärksten überleben, waren die Anhänger des Sozialdarwinismus der Meinung, dass die Vererbung genetischer Defekte eine Bedrohung für ein Volk sei. Bereits 1920 definierten der Jurist Karl Binding und der Psychiater Alfred Hocke das "lebensunwerte Leben", welches eine Gefahr für das Volk darstelle. Sie argumentierten, dass die Tötung dieser Menschen erlaubt sei - und sogar nützlich für die Opfer selbst, ebenso wie für Volk und Staat.

Die erste Stufe dieser Idee wurde am 14. Juli 1933 im "Gesetz zur Verhütung erbkranken Nachwuchses" erklommen: Unter Hitler wurde ein radikales Sterilisationsgesetz verabschiedet, das alle Menschen einschloss, die an angeborenem Schwachsinn, Schizophrenie, Irrsein, Epilepsie, Chorea Huntington, erblicher Blindheit oder Taubheit, körperlichen Missbildungen oder Alkoholismus litten. Bis 1945 wurden rund 400.000 Menschen sterilisiert. Da diese Zwangssterilisationen allerdings für Unruhen in der Bevölkerung sorgten, ging Hitler zunächst nicht den nächsten Schritt, den er allerdings bereits in "Mein Kampf" beschreibt. Er schreibt über einen Idealtyp, der durch künstliche Selektion entstehen soll - durch Förderung der Familien mit den idealen Erbanlagen und "Ausrottung" der Menschen mit den "schwachen Genen". Ab 1939 begann die Ermordung von Babys und Kleinkindern. Bis 1945 starben etwa 5000 Kinder durch Injektion oder Nahrungsentzug.

Parallel zu den Kriegsvorbereitungen begann schließlich die Vorbereitungen für die Euthanasie: Es wurde eine „Reichsarbeitsgemeinschaft für Heil- und Pflegeanstalten" gegründet, die die künftigen Opfer erfasste. Eine "Gemeinnützige Stiftung für Anstaltspflege" kümmerte sich um die Finanzierung, um Umbauten und die Verwertung von Schmuck und Zahngold der Ermordeten. Um die Euthanasie zu verschleiern, bekamen die Landesheilanstalten Listen mit Patienten, die in eine andere Heilanstalt verlegt werden sollten. Diese wurden mit Bussen abgeholt und in eine "Zwischenanstalt" gebracht. Von dort ging es dann in eine der sechs Tötungsanstalten wie Hadamar, wo die Opfer meist direkt am Tag der Ankunft mit Kohlenmonoxid-Gas vergiftet und in Krematorien verbrannt wurden. Die Angehörigen erhielten schließlich Briefe mit gefälschten Todesdaten und Todesursachen.

Offiziell wurde die Euthanasie am 24. August 1941 eingestellt - wegen des starken Widerstands aus Volk und Kirche. Bis dahin wurden 70.273 Menschen ermordet, 10.072 davon in Hadamar. Die Beteiligten wurden schließlich in Massenvernichtungslager versetzt, wo sie weiter töteten.

Nach dem offiziellen Ende der Euthanasie ging die Ermordung von Menschen mit geistigen Behinderungen und seelischen Erkrankungen allerdings auch inoffiziell weiter - lediglich die Methoden wurden geändert: Durch überfüllte

Anstalten stieg die Sterblichkeit, zudem gab es organisierte Morde durch Ärzte und Pfleger, die nachts Spritzen setzten. Darüber hinaus begann das Personal, mit den gleichen Methoden die Bewohner von Altersheimen zu töten.

Den Opfern ein Gesicht geben - ein Theaterstück

Die Opfer der Euthanasie, der organisierten Massenmorde - sie sind nicht unbekannt und gesichtslos, sollten nicht gesichtslos sein. Dennoch sind Euthanasie und Holocaust Begriffe für etwas Schreckliches, das in weiter Entfernung stattgefunden hat - in Auschwitz, in Hadamar, in Buchenwald. Es geschah aber nicht in weiter

Aus dem Theaterstück „Schlaf der Geige" zum Thema Euthanasie
(Foto: Archiv des Theater Waggonhalle Marburg)

Entfernung, geschah es nie. In allen Dörfern verschwanden Menschen: Die Juden in Rauischholzhausen oder Ebsdorf, die Sinti aus Dreihausen und zwei geistig kranke Menschen aus Schröck. Basierend auf diesen beiden Schicksalen aus Schröck - daran angelehnt, aber fiktiv - schrieb Willi Schmidt das Theaterstück "Der Schlaf der Geige". Gemeinsam mit Mareike Kemp bringt er die Geschichte zweier Menschen auf die Bühne, gibt ihnen Gesichter, Geschichte und Gefühle. Sie führen Hannes, den Epileptiker, der in seiner Familie seines Bruders auf dem Dorf lebt und als Hilfsgärtner arbeitet und Maja, die Tochter eines Intellektuellen, die an einer Persönlichkeitsstörung leidet, zusammen. Maja spielte Geige, bis es ihr verboten wurde. "Das völlige Fehlen von Pathos, die manchmal fast verspielte, melancholisch getönte Leichtigkeit der Darstellung lassen das Thema umso stärker wirken. Das Grauen steht zwischen den Zeilen und ist doch ständig präsent (Grundblick)."

Literaturhinweise:
Ayaß, Wolfgang: Zwangssterilisation im Nationalsozialismus, Kassel 2007.
Balzer, Erhard: Auch in Schröck...
Klee, Ernst: "Euthanasie" im Dritten Reich, Frankfurt 2010.
Westermann, Stefanie: Verschwiegenes Leid, Köln 2010.

Die Sinti-Kinder und der Kampf gegen das Vergessen

von Patricia Kutsch

Unzählige Menschen fielen im Zweiten Weltkrieg den Nationalsozialisten zum Opfer: Nicht nur Soldaten, die an den Fronten kämpften, mussten sterben, sondern auch Menschen im eigenen Land. Juden, Menschen mit psychischen Erkrankungen und Behinderungen und auch Sinti entsprachen nicht der Rassenideologie, wurden als Feinde aus dem Innern angesehen. Gesprochen wurde darüber nach dem Krieg nicht gerne, denn viele Menschen beteiligten sich an dem Rassismus und der Ausgrenzung. Agnes Blanke begehrte dagegen auf und kämpfte bis zu ihrem Tod im Juli 2009 dafür, dass das Schicksal der Sinti nicht in Vergessenheit gerät.

Agnes Blanke lebte in Bergen. Sie nannte Dreihausen allerdings ihre zweite Heimat. Ihre Mutter, die Pfarrerstochter, war dort aufgewachsen und besuchte das Dorf im Ebsdorfer Grund häufig mit ihrer Tochter. Dort lernte Agnes Blanke im Sommer 1942 auch die Kinder zweier Dreihäuser Sinti-Familien kennen und freundete sich mit ihnen an. Sie hielt die Freundschaft, die Erlebnisse mit ihren neuen Freunden fest - mit der Kamera und in ihrem Tagebuch. Sie freuen sich auf ein Wiedersehen, dass es nie geben wird. Denn im Sommer des darauffolgenden Jahres sind die Sinti-Kinder aus Dreihausen verschwunden. Sie wurden mit ihren Familien im März 1943 nach Auschwitz deportiert. Fast alle starben.

GSE realisiert Mahnmal in Dreihausen

Agnes Blanke wusste nichts von dem Schicksal ihrer jungen Freunde, erfuhr erst nach dem Krieg die unglaubliche, schreckliche Wahrheit. Seither hatte sie darum gekämpft, an das Schicksal ihrer Sinti-Freunde zu erinnern. Schließlich besuchte sie 2007 die Gesamtschule Ebsdorfer Grund, las aus ihrem Tagebuch vor und gab mit ihren Aufzeichnungen und Texten den Verstorbenen ein Gesicht, eine Geschichte. Ein Jahr später wurde in Dreihausen auf Initiative der GSE mit ihrem Lehrer Mirko Meyerding und dem Verband Deutscher Sinti und Roma ein Mahnmal realisiert - in Erinnerung an die Familien Steinbach, Kreutz und Winter. Eine Gedenktafel aus dem Jahr 2009 trägt die Aufschrift "Am 23. März 1943 wurden 18 Männer,

Frauen und Kinder aus Dreihausen in das Konzentrationslager Auschwitz deportiert und dort fast alle ermordet. Mit ihnen fielen über 500.000 europäische Sinti und Roma dem nationalsozialistischen Völkermord zum Opfer. In Gedenken und Achtung von den Ermordeten, als Mahnung und Verpflichtung." Das Mahnmal selbst besteht aus 18 Basaltstelen unterschiedlicher Größe. Sie stehen für die 18 deportierten Kinder und Erwachsenen. Basaltstehlen wurden

Agnes Blanke in Dreihausen, Frühsommer 1942 (Foto: Grundblick-Archiv)

gewählt, weil die Männer der Sinti-Familien in den Dreihäuser Basaltsteinbrüchen zur Arbeit verpflichtet wurden. Das Mahnmal soll ein Beitrag dazu sein, die Opfer des nationalsozialistischen Regimes nicht zu vergessen und für die Gegenwart zu mahnen.

Die Erinnerungen von Agnes Blanke

Agnes Blanke kam im August 1942 nach Dreihausen. Dort lernte sie die Sinti-Kinder kennen, schrieb über die Erlebnisse vom 16. August bis zum 7. September in ihrem Tagebuch über die Begegnungen. Sie begegnete Anna Kreutz, den beiden Jungs Schorseli und Häns beim Spielen, unterhielt sich mit Anna über deren Familie. Agnes Blanke beschrieb die Kinder detailliert, schrieb darüber, dass Anna ein Armband aus Glasperlen hatte, dass ihr Bruder Theo "gar nicht zigeunerhaft" aussah mit seinem dunkelblonden Krauskopf. Sie erfuhr, dass die Familien seit sieben Jahren in Dreihausen wohnten, die Männer im Steinbruch arbeiteten und die Kinder seit einigen Monaten nicht mehr in die Schule durften. Die Kinder sangen Zigeuner-Lieder für Agnes, spielten mit ihr. Nachdenklich zeigt sich Agnes Blanke am 21. August. Sie wollte Theo im Profil fotografieren, weil es ihr so gut gefiel. Da wurde er misstrauisch, weil die Polizei bei ihm daheim war und Fotos gemacht habe. Die wollten immer sein linkes Ohr auf den Bildern haben. "Warum hat man Aufnahmen von den Zigeunern gemacht? Ich mache mir meine Gedanken darüber", schrieb Agnes Blanke.

Agnes Blanke schreibt von glücklichen Erinnerungen, von einer Freundschaft, die zu der damaligen Zeit schon ungewöhnlich war. Es sind einfache Beschreibungen der Kinder, ihrer Geschichten - gespickt mit Sätzen, die traurig und betroffen machen. Und die spüren lassen, wie die Sinti im Sommer 1942 behandelt wurden. "Meine Mutter hat gesagt du bist ein gutes Fräulein", hat Anna zu Agnes Blanke laut den Einträgen vom 23. August gesagt. "Weil du immer mit uns zusammen bist. Alle anderen Leute wollen gar nichts mit uns zu tun haben."

Am 1. September zeigten die Sinti-Kinder Agnes Blanke einen Teich im Wald. In der Badeanstalt des Dorfes durften die Sinti nicht baden, wuschen sich daher in einem alten Steinbruch. Das Zigeunerlager besuchte Agnes Blanke am 4. September. Sie beschrieb das Heim eines Mädchens als "kümmerliche und unfreundliche Baracke". Theos Familie wohnte in zwei Wohnwagen mit einem kleinen Gärtchen daneben. Am 7. September sah Agnes Blanke die Sinti-Kinder zum letzten

Mal. Sie waren extra früh aufgestanden und winkten ihr mit Händen und Tüchern zu. "Sie wurden kleiner und kleiner, und dann sah ich sie nicht mehr", schrieb Agnes Blanke. Und sie sollte sie im nächsten Sommer nicht wieder sehen.

Die Sinti-Familien in Dreihausen

Die Sinti-Familien lagerten damals mit ihren Pferdewagen in der Kuhgasse (Gebrannter Berg). Später wurden sie in der Nähe des Steinbruches angesiedelt, wo auch die meisten Männer arbeiten mussten. Das waren die Familie Kreutz mit Martin, Karl, Josef, Theodora, Karl, Anna, Margaretha, Joh. Konrad, Christine, geb. Steinbach, Laubmann, Herrmann, Elisabeth, Theodor, Anna, Adolf und die Familie Winter mit Rosa, Johanna, Georg, Hans, Anna. Das Verzeichnis "die in der Gemeinde Dreihausen wohnenden Zigeuner" von 1939 weißt noch unter Nr. 15. Friedrich Steinbach auf.

Sie alle wurden am 23. März 1943 abgeholt und zur Kreisbahn getrieben - bewacht von SS-Leuten. In einem Zug mit Personenwagen und Viehwaggon wurden die Dreihäuser Sinti zusammen mit vielen anderen über Marburg nach Auschwitz gebracht. Hermann und Laubmann kamen ins KZ Struthof im Elsass, wurden Opfer von Menschenversuchen, an denen Laubmann starb. Frieda, ihre Tochter Marianne und Hermann Kreutz überlebten Auschwitz. Friedemann und Berta überlebten ebenfalls - sie wurden in andere Lager gebracht.

Literaturhinweis:
Meyerding, Mirko (Hg.): Geliebte Zigeunerkinder - das Tagebuch der Agnes Blanke, Marburg 2008.

Stolpersteine erinnern an traurige Geschichte

von Patricia Kutsch

Zwei jüdische Familien lebten zur Zeit des Nationalsozialismus in Ebsdorf. Doch sie wurden aus dem Dorf vertrieben, siedelten um - und wurden zum Teil ermordet. Drei kleine Stolpersteine in der Turmstraße vor dem Haus mit der Nummer 8 erinnern heute an diese Opfer des Nationalsozialismus. Vier weitere sind in der Bortshäuser Straße vor dem Sparkassengebäude eingelassen.

Die Familie Lion

Emanuel und seine Frau Auguste Lion lebten in der Turmstraße. Emanuel Lion wurde am 29. Januar 1876 in Nordeck geboren. Vermutlich um 1910 kam er nach Ebsdorf, wo er gemeinsam mit seiner Frau ein Geschäft für Manufaktur- und Kolonialwaren in der alten Schule an der Linde in der Bruchgasse betrieb. 1915 gebar Auguste den gemeinsamen Sohn Leopold, der in Ebsdorf zur Schule ging. Die Repressalien gegen die Juden wurden nach der Machtübernahme Hitlers immer stärker. 1936 mussten sie schließlich nach Marburg umsiedeln - in die sogenannten "Judenhäuser", als Häuser, in denen bereits Juden lebten.

Emanuel Lion starb am 13. November 1937 in einem Kranken-

Stolpersteine in Ebsdorf (Foto: Grundblick-Archiv)

haus in Frankfurt. Vier Jahre später flüchteten seine Frau und sein Sohn vor der zunehmend judenfeindlichen Gesellschaft nach Amerika. Auguste verstarb 1979 in Connecticut. Ihr Sohn Leopold besuchte seinen Geburtsort Ebsdorf nach dem Krieg mehrfach. Er starb 1966 in Amerika.

Die Familie Walldorf

Emanuel Lions Frau Auguste war die Tochter von Aaron und Hanna Walldorf. Sie zogen ebenfalls um 1910 nach Ebsdorf und lebten in der heutigen Kreissparkasse und Apotheke, wo sie auch ein Geschäft betrieben. Sie verkauften Fahrräder und Kleinmaschinen und waren

Stolpersteine in Ebsdorf (Foto: Grundblick-Archiv)

Gedenken in Ebsdorf nach dem Setzen der Stolpersteine (Foto: Grundblick-Archiv)

Teilhaber der Firma "D.Stern" - dem Geschäft von Emanuel Lion. Mit nach Ebsdorf gezogen war auch der 26 Jahre alte Moses Walldorf, der Thekla Theisenbach aus Hatzbach heiratete und mit ihr in der Bortshäuser Straße 18 lebte. Gemeinsam bekamen sie die beiden Kinder Henni und Max.

Moses Walldorf hatte im Ersten Weltkrieg gedient, als Soldat bei einem Feld-Artillerie-Regiment in der Ukraine. Er war in die Ebsdorfer Dorfgemeinschaft integriert, war Mitglied und Schriftführer im "Rad-Fahr-Verein Torpedo Ebsdorf".

Max Walldorf ging zur Oberrealschule in Marburg - die heutige Martin-Luther-Schule. Er machte seinen Abschluss 1934 als einer der letzten jüdischen Schüler. Nur auf Wunsch des Klassenlehrers durfte er das Abitur ablegen - ohne seine Leistungen in Mathematik wäre der Notendurchschnitt der gesamten Klassen gesunken. Zur Abschlussfeier durfte er nicht.

Auch die Familie Walldorf ging mit den Lions 1936 nach Marburg. Sie mussten ihr Geschäft aufgeben und es weit unter Wert an die Gemeinde verkaufen. Sie kamen bei Verwandten in der Haspelstraße unter. Von ihrem Besitz konnten sie nicht viel mitnehmen.

Die beiden Kinder Henni und Max flohen ins südafrikanische Johannesburg. Max ging bereits im April 1936 nach Südafrika, nach seinem Abschluss an der Fachschule für Metallgewerbe in Bielefeld. Er verstarb 1999. Henni wanderte im April 1937 mit ihrem Ehemann Erwin Höchster aus Roth und der gemeinsamen Tochter Marion aus. Henny starb am 28. Oktober 1989 in Benoni bei Johannesburg.

Moses Walldorf und seine Frau Thekla wurden Opfer der grausamen Massenmorde der Nationalsozialisten: Sie wurden von Marburg in das Ghetto Lublin transportiert. Im Juni 1942 wurden sie im Vernichtungslager Sobibor ermordet.

der Gedenkfeier: "Wir können Unrecht nicht ungeschehen machen. Was wir tun können, ist anderen Menschen mit Toleranz und Menschlichkeit zu begegnen und die Erinnerung an das Geschehene wachzuhalten und an unsere Kinder weiterzugeben."

(Quelle: Heimat Ebsdorf - die Folgen von Krieg für Menschen in Ebsdorf und überall. Broschüre des Heimat- und Verschönerungsvereins)

Ebsdorfer Archivteam arbeitet heimische Geschichte auf

Die Schicksale der jüdischen Ebsdorfer hat der Heimat- und Verschönerungsverein von Ebsdorf aufgearbeitet. Das Archivteam hat sich dazu mit Dokumenten und Zeitzeugenberichten befasst, um die Geschichte der Vertriebenen und Getöteten ins Gedächtnis zu rufen. Bei einer Gedenkveranstaltung mit dem Arbeitskreis Landsynagoge Roth, zahlreichen Ebsdorfern und Nachfahren der vertriebenen Juden trugen sie die Kurzbiografien vor. Die Enkelin von Moses und Thekla Walldorf, Hazel Pollak, sagte bei

„Ich war nur noch eine Nummer"

von Patricia Kutsch

Schüler der Gesamtschule Ebsdorfer Grund haben sich 2011 intensiv mit dem dunklen Teil der Deutschen Geschichte auseinandergesetzt, die vor ihrer Haustür stattgefunden hatte: Mit dem Leben der Juden im Ebsdorfergrund - und der Vertreibung und Ermordung durch die Nazis. Sie haben mit Zeitzeugen gesprochen, das Leben der jüdischen Familien rekonstruiert und eine Gedenkfeier auf dem jüdischen Friedhof in Rauischholzhausen organisiert.

Bei der Gedenkfeier am 9, Mai 2011 war auch Walter Spier zu Gast. Er gab einen Rückblick auf sein Leben im Dorf, seine Flucht, die Grausamkeiten der Nazis, die schrecklichen Erlebnisse in der Reichspogromnacht. Er erzählte, dass sein ältester Bruder Julius im Alter von 17 Jahren festgenommen und nach Buchenwald gebracht wurde. Er selbst ging durch den Wald zu seinem Vater nach Kirchhain - dort hatte er bei seiner Familie Zuflucht gesucht, nachdem er von einem Polizeibeamten gewarnt wurde. Spiers erzählte, dass sein Bruder aus Buchenwald zurückkam. Mit seinen Geschwistern Edith und Alfred wurde er in einem Kindertransport nach England geschickt. Er selbst und seine Eltern durften ihnen nie folgen. "Nichts war mehr wie zuvor und unser Leben hatte sich nicht nur in Holzhausen, sondern in ganz Deutschland dramatisch verändert", so Walter Spiers. Ab 9. November 1938 durfte er nicht mehr in die örtlichen Schulen. Im folgenden Jahr schickten seine Eltern ihn auf ein jüdisches Internat in Frankfurt. Er berichtete, dass viele Schüler und Lehrer nach und nach verschwanden, bis die Schule schließlich geschlossen wurde, als er 14 Jahre alt war.

"Während dieser Zeit gab es einige sehr überzeugte Nazis, die uns das Leben zur Hölle machten", berichtete Walter Spier weiter. "Es gab aber auch gutherzige Menschen, die meinen Eltern heimlich halfen." Eine Familie brachte den Spiers nachts Essen.

Alle Juden, die im September 1942 noch in Rauischholzhausen lebten, wurden mit einem LKW nach Theresienstadt deportiert. Walter Spier erinnert sich, dass er mit seinen Eltern, seiner Großmutter und seinem Bruder Martin dorthin gebracht wurde. Seine Oma starb dort im Alter von 78 Jahren. "Wir dachten, dass das Leben dort, mit all der harten Arbeit und dem Essensmangel, hart ist, wir sollten aber noch herausfinden, dass es im Vergleich zu dem, was noch kommen sollte, gut war." 1944 wurde die Familie nach Auschwitz deportiert. Sein Vater habe damals zu ihm gesagt, dass er und seine Frau Auschwitz nicht überleben würden - Walter und sein Bruder aber sollen nach Holzhausen zurückkehren und den Namen Spier mit Stolz tragen.

"Mein linker Arm wurde in Auschwitz mit der Nummer A1838 tätowiert", berichtet Walter Spier weiter. "Ich war jetzt nicht mehr länger ein menschliches Wesen, sondern nur noch eine Nummer."

Einen Tag später seien die Brüder von ihren Eltern getrennt wurden, die Eltern wurden vergast. Als Walter Spier gerade 17 Jahre alt war, war er ganz alleine unter Fremden, denn auch von seinem Bruder Martin wurde er getrennt. Walter Spier arbeitete in der Munitionsfabrik in Sosnowitz. Als die Alliierten auf Sosnowitz vorrückten, ging es für die Gefangenen auf einen "Todesmarsch" Richtung Österreich. "Nur wenige überlebten diesen Marsch", erinnert sich Walter Spier. "Mir gelangt dies nur mit Hilfe eines SS-Offiziers, der sein Essen mit mir teilte und mich davon abhielt, nachts zu schlafen und so zu erfrieren."

Die Brüder Spier (Mitte, vorne) während einer Gedenkfeier in Rauischholzhausen (Foto: Grundblick-Archiv)

In Mauthausen wurde Walter Spier in eine leere Baracke gebracht und ausgepeitscht, weil er überlebt hatte. "Noch immer trage ich die Narben auf meinem Rücken." Befreit wurde Walter Spier am 5. Mai 1945 von den Amerikanern. Er fuhr auf einem Kohlezug nach München, von dort weiter nach Marburg. In Rauischholzhausen traf er schließlich im Nachbarhaus seines Elternhauses seinen Bruder Martin wieder - eine glückliche Fügung nach Jahren des Schreckens. Gemeinsam zogen die Brüder wieder in ihr Elternhaus. Sie lebten wieder im Dorf, gemeinsam mit Sarah Mendel, die als einzige Jüdin nach dem Holocaust auf dem Judenfriedhof in Rauischholzhausen bestattet wurde. Die Brüder Spier wanderten 1946 nach Amerika aus, wo sie ihre Schwester wiederfanden - und ein neues Leben mit einer neuen Familie begannen.

Die jüdischen Familien in Rauischholzhausen

Sechs jüdische Familien lebten bei der Machtergreifung Hitlers 1933 in Rauischholzhausen: Die Familien Mendel, Spier, Rülf in der Lerchengasse und Rülf in der Alten Schulstraße, sowie die Familien Frenkel und Stern. Außerdem gab es eine Synagoge und eine jüdische Elementarschule. Die Synagoge und zwei Wohnhäuser wurden abgerissen.

Tiefergehend in die Geschichte der Rauischholzhäuser Juden und die antisemitischen Ausgrenzungen durch deren Nachbarn hat die Berliner Historikerin Annamaria Junge sich eingearbeitet.

Die Familie Frenkel lebte in der Roßdorfer Straße 19. Der Buchbinder Simon Frenkel lebte dort mit seiner Frau Rosa Löwenstein, gebürtige Rauischholzhäuserin. Das Paar hatte drei Kinder: Resi, Irene und David. Den Familienunterhalt verdienten sie mit einem Geschäft für Lebensmittel, Textilien und Flachs. Resi besuchte die Elisabethschule, machte dort 1929 ihr Abitur, später studierte sie und wurde Lehrerin in Halberstadt. 1933 zog sie nach Palästina. Irene zog 1931 nach Amsterdam, arbeitete in einem Frauenheim und heiratete. David wurde Handelsreisender. Die Boykott-Aktionen gegen die Juden in Rauischholzhausen begannen bereits kurz nach der Machtergreifung Hitlers. Noch 1933 schloss die Familie Frenkel ihren Laden (Junge, S.62). Ein nichtjüdischer Bewohner führte ihn später weiter. Simon Frenkel zog mit seinem Wandergewerbe für Manufakturwaren weiter über die Dörfer - aber auch er musste 1935 seine Arbeit einstellen.

Das Ehepaar Frenkel emigrierte am 15. Januar 1939 in die Niederlande. Von dort gelang es ihnen jedoch nicht, nach Palästina auszuwandern. 1942 wurden die Niederlande von den Deutschen besetzt. Das Ehepaar Frenkel wurde schließlich zusammen mit Tochter Irene und deren Familie nach Auschwitz deportiert. Simon und Rosa, Tochter Irene und Enkelin Karla starben dort in den Gaskammern.

Die Familie Mendel lebte am Rülfbach 1. Sara Mendel, die Schwester von Rosa Frenkel, lebte dort mit ihrem Ehemann Hermann Mendel. Er war Soldat im Ersten Weltkrieg, betrieb mit seiner Frau die Metzgerei ihrer Eltern weiter. Zudem verkauften sie Textilwaren (Junge, S.39). Hermann Mendel war Mitglied im Theaterverein. Das Schächten der Tiere wurde am 21. April 1933 verboten, Familie Mendel verstieß dagegen (Junge, S. 80). Die Metzgerei wurde 1937 geschlossen. Hermann Mendel wurde am 10. November 1938 - genauso wie andere jüdische Männer aus dem Dorf - in Schutzhaft genommen und schließlich in das KZ Buchenwald deportiert. Ende des Jahres wurde er wieder freigelassen. Am 6. September 1942 schließlich wurde das Ehepaar nach Theresienstadt gebracht. Hermann Mendel starb am 4. April 1943, Sara wurde am 8. Mai 1945 befreit und kehrte in ihr altes Wohnhaus zurück. Sie starb am 23. Oktober 1954.

Die Familie Rülf aus der Lerchengasse bestand aus dem Metzger Moses Rülf, seiner Frau Bertha und den Kindern Louis, Julius und Selma. Moses Rülf starb als Soldat im Ersten Weltkrieg, seine Tochter Selma verstarb ebenfalls früh. Louis und Julius führten die Metzgerei weiter - bis sie im Herbst 1934 geschlossen wurde. Offizieller Grund waren hygienische Mängel (Junge, S. 63). Julius Rülf wanderte schließlich illegal nach Argentinien aus, ein Dorfbewohner half ihm dabei (Junge, S.87). Über den legalen Familiennachzug konnte er seine Mutter und seinen Bruder jedoch nicht nachholen. Die beiden wurden am 6. September 1942 nach Theresienstadt gebracht. Bertha Rülf starb dort am 14. November 1942, Louis starb am 29. Januar 1943 in Auschwitz.

Die Familie Rülf aus der Alten Schulstraße lebte schon sehr lange in Rauischholzhausen Juda Rülf wurde dort 1867 geboren. Er heiratete Lina Bachenheimer. Juda Rülf war Pferdehändler, Vorbeter und Vorsitzender der Jüdischen Gemeinde und Zweiter Vorsitzender des Rauischholzhäuser Kriegervereins. Sie hatten die Kinder Isidor, Selma, Rosa und Friedel. Isidor fiel im Ersten Weltkrieg. Selma wanderte mit ihrem Mann und ihren Kindern 1936 in die USA aus. Rosa Rülf übernahm den Haushalt in Rauischholzhausen, nachdem ihre Mutter 1930 verstorben war. Friedel war im Gesangverein, war Gründungsmitglied des Sportvereins - wo er allerdings 1933 nach einem Erlass herausgeworfen wurde. Die Geschenke, die er dem Verein gemacht hatte, wurden verbrannt (Junge, S. 55). Friedel wanderte 1937 in die USA aus, sein Vater Juda und seine Schwester Rosa folgten ihm ein Jahr später.

Die Familie Abraham Spier lebte in der Lerchengasse 2. Verheiratet war er mit Jenny Wertheim, die Kinder hießen Edith, Julius, Alfred, Martin und Leo Walter. Abraham verdiente den Lebensunterhalt als Viehhändler. Zudem hatte die Familie im Wohnhaus ein Textilwarengeschäft. Nach 1933 führte Abraham Spier sein Geschäft heimlich weiter - und lieferte etwa eine Kuh nachts in Kirchhain aus (Junge, S. 66). 1937 wurde ihm jedoch die Konzession entzogen.

Julius und Alfred entkamen 1939 über Kindertransporte nach England. Jenny Spier hatte die Plätze für sie organisiert. Dort arbeiteten die Jungen als Hilfsarbeiter auf einer Farm in Schottland. Ihr Chef bürgte für Edith und holte sie so kurz vor Beginn des Zweiten Weltkriegs ebenfalls nach Schottland (Junge, S. 105). Die Eltern und die beiden jüngsten Brüder blieben in Deutschland, eine Ausreise in die USA gelang ihnen nicht - Friedel Rülf bürgte zwar für sie, sein Einkommen war aber zu niedrig, um für vier Personen zu bürgen. Der schottische Vorgesetzte der beiden älteren Söhne bürgte ebenfalls für die in Deutschland verbliebene Familie - dann brach jedoch der Krieg aus und die Spiers konnten nicht mehr auswandern. Am 6. September 1942 wurden sie - mit vielen anderen Rauischholzhäuser Juden - nach Theresienstadt verschleppt. Abraham Spier und seine Frau starben im Mai 1944 in Auschwitz. Walter Spier wurde auf einen Todesmarsch nach Mauthausen geschickt. Er überlebte und wurde am 5. Mai 1945 befreit. Sein Bruder Martin überlebte ebenfalls: Er wurde am 8. Mai in Theresienstadt befreit. Sie kehrten in ihren Heimatort zurück und lebten dort bei Sara Mendel. Im Juni 1946 wanderten sie jedoch in die USA aus (Junge, S. 164).

Die Familie Stern lebte in der "Untere Höhle". David Stern war Schuhmacher und hatte einen kleinen Laden, seine Frau war Schneiderin (Junge, S.44). Ihre Kinder waren Franziska und Herbert Stern. Herbert war Jurist, durfte jedoch nach dem 7. April 1933 nicht mehr im Staatsdienst arbeiten. Im selben Jahr ging er nach England, kam aber ein Jahr darauf zurück, um in einer Gärtnerei in Frankfurt zu arbeiten. Er wanderte 1936 nach Südafrika aus, kam 1937 in die Niederlande und wanderte von dort 1938 in die USA aus. Was mit seiner Schwester geschah, ist nicht genau bekannt: Im Bundesarchiv ist sie verzeichnet. Demnach soll sie 1944 in Auschwitz ermordet worden sein. Ihre Schwägerin berichtete jedoch, dass sie über Frankreich nach Südafrika ausgewandert sei (Junge, S. 89).

David Stern starb im November 1933 in Rauischholzhausen und wurde auf dem jüdischen Friedhof beigesetzt. Hedwig Stern in Rauischholzhausen ahnte offenbar früh, was ihr bevorstand: Sie verschenkte viele Besitztümer an Menschen, die ihr geholfen hatten (Junge, S. 135). Sie starb schließlich am 29. September 1942 - entweder in Treblinka oder in Maly Trostinec.

Der Friedhof am Waldrand

Auf dem Land der Adelsfamilie von

Gedenktafel am jüdischen Friedhof in Rauischholzhausen (Foto: Grundblick-Archiv)

Rau wurde durch die Familie spätestens im 18. Jahrhundert oberhalb des Schlossparks der Judenfriedhof angelegt. 129 Juden aus Rauischholzhausen, Mardorf, Wittelsberg, Leidenhofen, Ebsdorf und Schweinsberg wurden dort zur letzten Ruhe gebettet. Laut der Nachforschungen von Annamaria Junge in "Niemand mehr da" wurden dort im Herbst 1936 und im Frühjahr 1937 Grabsteine herausgebrochen und umgeworfen (S. 75). Die jüdische Gemeinde erstattete Anzeige, aber die polizeilichen Ermittlungen blieben ohne Ergebnis. 1939 verpachtete der Vorsteher der jüdischen Gemeinde, Abraham Spier, das Gelände an einen nichtjüdischen Dorfbewohner, der dort Obstbäume pflanzte und das Gras mähte. So sicherte Spier den Erhalt und die Pflege des Friedhofs. Durch Enteignung fiel das Grundstück 1943 an das Reich. Dieses verpachtete es für eine Pacht in Höhe von 10 RM an den bisherigen Pächter (Junge, S.119).

Nach Kriegsende wurden die jüdischen Friedhöfe wieder hergestellt. Dies geschah auf Befehl der amerikanischen Militärregierung. So wurden Grabsteine in Rauischholzhausen repariert und wieder aufgestellt. 1954 wurde Sara Mendel dort beerdigt.

Eine Berlinerin bricht das Schweigen

Die junge Historikerin und Juristin Annamaria Junge forschte zwei Jahre lang über die Verfolgung der ehemaligen jüdischen Bevölkerung Rauischholzhausens. Ihre Mutter ist 1945 im Dorf geboren und aufgewachsen, sie besuchte oft ihre Großeltern. Bereits als Jugendliche entdeckte Frau Junge den jüdischen Friedhof am Waldrand. Sie sagt dazu: "Seitdem wusste ich, dass es hier einst eine jüdische Bevölkerung gegeben hatte, an die jedoch so gar nichts mehr erinnert." Fünfzehn Jahre später entschied sie sich, ihre Fragen nach der Vergangenheit des Dorfes zum Thema ihrer universitären Abschlussarbeit zu machen.

Ihre Forschung zur antisemitischen Verfolgung in Rauischholzhausen begann Anfang 2009 mit drei offenen Fragen: Wo finden sich Archivalien und schriftliche Überlieferungen? Wer im Dorf erinnert sich und ist zu einem Gespräch bereit? Und vor allem: Gibt es noch jüdische Überlebende?

Mit offenen Armen wurde sie nicht empfangen. Aber es gelang ihr, Menschen in Rauischholzhausen zu finden, die sich erinnerten und sie führte Gespräche mit neun noch lebenden Zeitzeugen vor Ort. Annamaria gibt an: "Ich bin sehr, sehr dankbar, dass diese Menschen ihre Erinnerungen mit mir geteilt haben. Die Erinnerungen der Zeugen sind für viele Ereignisse die einzige Quelle, die es heute noch gibt. Und es sind die letzten Jahre, in denen die Zeugen der Geschichte noch befragt werden können." Doch die Historikerin sprach nicht nur mit noch lebenden Zeugen vor Ort. Es gelang ihr auch, Kontakt zu vier noch lebenden ehemaligen jüdischen Bewohnern Rauischholzhausens aufzunehmen: den Geschwistern Edith Baumann, Walter, Martin und Alfred Spier. Und sie besuchte die Geschwister wiederholt in New York und Bielefeld. (Grundblick Juli 2011)

Quellen:
www.bundesarchiv.de/gedenkbuch
Junge, Annamaria: "Niemand mehr da", Jonas-Verlag 2012

VI
Land in Sicht - Der Traum vom besseren Leben
Von Flüchtlingen und Auswanderern

Ab der Grundblick Ausgabe Dezember 2012 wurden in verschiedenen Auszügen die Erinnerungen von Helene Hartung veröffentlicht. Gerade angesichts der heutigen Flüchtlingsbewegungen in aller Welt hat diese Geschichte von der Verfolgung in der ehemaligen Heimat, über die Zeit der Nachkriegsflüchtlinge bis hin zur Auswanderung nach Übersee, in die "Neue Welt", eine verblüffende Aktualität. Wir dokumentieren im Folgenden die Veröffentlichungen im Grundblick in den Ausgaben zwischen Dezember 2012 und Oktober 2013.

Auswanderer nach Kanada: Weihnachten auf hoher See

Helene Hartung kam in der Nachkriegszeit als Flüchtling nach Hachborn. Hier lernte sie ihren späteren Mann Herbert kennen. Mit ihrer Familie wanderte sie 1950 nach Kanada aus, Herbert folgte nach. Nach drei Jahren in Kanada kehrten sie wieder in unsere Region zurück und lebten seitdem in Wittelsberg. Helene Hartung beschreibt im Folgenden ihre Erlebnisse während der Überfahrt nach Kanada in der Weihnachtszeit 1950:

"Im Dezember des Jahres 1950 verlässt ein Schiff Bremerhaven. Es ist kein Ozeanriese mit Luxuskabinen, sondern ein umgebauter Bananenfrachter, auf dem sich zwei große Räume mit aufgereihten Doppelbetten befinden. Die Passagiere sind Auswanderer, Menschen, die nach dem Krieg in Deutschland keine Zukunft sehen und den Schritt ins Unbekannte wagen. Jetzt stehen viele von ihnen an der Reling und winken den Zurückbleibenden zu. Am Kai spielt eine Kapelle. *Muss i denn, muss i denn zum Städele hinaus...* Es ist eisig kalt, und große Schneeflocken fallen vom Himmel.

In Kanada, so hoffen sie, werden sie ein besseres Leben Emden. Ihre größeren Gepäckstücke passen leicht in den Schiffsbauch, den Rest kann man bei dem zugewiesenen Bett unterbringen. Das Bett ist die einzige Sitzgelegenheit. Komfort sucht man vergeblich. Dies ist ein Schiff für Auswanderer. Langsam tuckert und stampft es dem offenen Meer entgegen. Und tagelang schaukelt es im Sturm ohne Pause, hohe Wellen schlagen auf das Deck. Viele bleiben dann in ihren Betten liegen, lesen oder beschäftigen sich irgendwie. Andere werden seekrank. Erst am 24. Dezember lässt der Sturm nach, und langsam trauen sich die Menschen wieder an Deck zu gehen.

Alma und Helene stehen an der Reling und schauen zurück. Sie suchen den Horizont ab, dort wo Deutschland liegen könnte.

Sie sind traurig. In Deutschland mussten sie sich von ihren Liebsten verabschieden und wissen nicht, wann sie sie wiedersehen werden, ja ob Sepp und Herbert überhaupt nachkommen dürfen.

Nach Kanada darf nur hinein, wer Arbeit und eine Unterkunft nachweisen kann. Ist es richtig gewesen, Deutschland zu verlassen und in ein Land zu gehen, von dem man nichts weiß und dessen Sprache man nicht beherrscht? Wird man sich an die fremden Sitten und Gebräuche gewöhnen können? Wo wird man hingeraten?

Es ist Abend. Alma und Helene schauen auf das schäumende Meer, beobachten im Licht des Mondes die unaufhörlich an den Schiffsrumpf schlagenden Wellen. Dann wendet sich ihr Blick zum sternenklaren Himmel. Ein Lied kommt

Auf dem Schiff nach Kanada: Fahrt ins Ungewisse... (Foto: privat, Grundblick-Archiv)

ihnen in den Sinn, und leise singen sie. Der Himmel nah und fern. Er ist so klar und feierlich, so ganz als wollt er öffnen sich. Das ist der Tag des Herrn....

Für einen winzigen, schweigenden Moment ist alles gegenwärtig. Flucht und Vertreibung aus der Heimat, die schweren Jahre als ungeliebte Flüchtlinge. Jetzt sind sie mitten auf dem Ozean, zwischen den Welten. Und es ist Heiligabend. Die Schiffsglocke ertönt zum Abendessen. Beide gehen über das schwankende Deck hinunter. Mit den anderen Passagieren betreten sie den Speiseraum. Die Gesichter der Menschen sind ernst, teilweise traurig Doch plötzlich geht ein Ah und Oh durch die Menge, und auch Alma und Helene blicken erstaunt in den Speiseraum, wo man einen Weihnachtsbaum mit brennenden Kerzen aufgestellt hat. Damit hat nun keiner gerechnet. Bisher hat es keine Extras gegeben. Doch jetzt ist alles anders. Auf blank gescheuerten Tischen liegt vor jedem Platz ein Apfel, und als sich alle gesetzt haben ertönt Musik aus einem Grammophon. O du fröhliche, o du selige Weihnachtszeit.

Nein, ein Festessen gibt es nicht; die meisten nehmen ihre Mahlzeit still und in sich gekehrt zu sich, beim Verlassen des Speiseraums wünscht man sich eine frohe Weihnacht und zieht sich zurück zu den Schlafplätzen. Helene liegt auf ihrem Bett, die Arme hinter dem Kopf verschränkt. Die Zeit vergeht so langsam.

Da ruft Alma. Komm doch zu mir herüber, und lustlos rappelt sich Helene noch einmal auf. Doch was für eine Überraschung! Alma sitzt vor einem kleinen künstlichen Weihnachtsbäumchen. Eine Krippe steht daneben mit kleinen Figuren von Maria und Josef und winzig klein dem Jesuskind. Eine brennende Kerze steht in einem Wasserglas. Alma ist schon immer für gute Ideen bekannt gewesen. Jetzt greift sie in eine Tüte und zaubert eine Weihnachtsstollen und Nüsse hervor. Das ist schon fast wie zuhause. Sie schlägt ein Liederbuch auf, und leise beginnen beide Weihnachtslieder zu singen. Als sie den Blick erheben stehen viele Leute da und singen kräftig mit. Der Stollen wird in viele kleine Stücke geschnitten und verteilt. Plötzlich sind auch noch ein paar Getränke da. Und ein Hauch von Weihnachten. Ganz still wird es, als Alma eine Bibel in der Hand hält und die Weihnachtsgeschichte liest. Und die Hirten waren auf dem Feld... Keiner schämt sich seiner Tränen.

Ein kleiner Junge beginnt ein Gedicht aufzusagen. Von draußen vom Walde komm ich her... Am Ende ruft ihm einer zu, na Kleiner, da hat der Knecht Ruprecht aber einen langen, nassen Weg zu uns hinter sich bringen müssen. Über das

Meer. Jetzt lachen alle. Nach und nach gehen alle zurück zu ihren Betten. Alma und Helene schauen sich an, umarmen sich und bleiben noch einen Moment schweigend sitzen. Was wird die Zukunft bringen?

Die Kirche im fernen Winnipeg hat ihnen die Auswanderung ermöglicht und die Schiffspassage vorfinanziert. In monatlichen Raten soll der Betrag in Dollar zurückgezahlt werden. In Bremen im Überseeheim musste man sich beim kanadischen Auswanderungskomitee verpflichten, in Kanada jede zugewiesene Arbeit für ein Jahr anzunehmen. Ankommen wird man in Neufundland, wo die Neuankömmlinge ihren künftigen Aufenthaltsort erfahren sollen. Wo wird der sein? Schickt man sie in die Kälte des kaum besiedelten Nordens? Geht es weiter und weiter durch das riesige Land in die Weiten des Westens? Werden sie zurechtkommen?

Dies alles ist ungewiss, doch eins ist sicher in dieser kalten, klaren Nacht auf hoher See. Alma und Helene werden diese Weihnachten nie vergessen.

Seitdem wir am 18. Dezember 1950 Bremerhaven verlassen hatten, war das Wetter auf See unberechenbar. Tagelang stürmte es, und ein heftiger Wind fegte über das Deck. Wie eine Nussschale schaukelte das Schiff auf den Wellen. Es war unmöglich, an Deck zu gehen. Unten in den Schlafräumen war es stickig. Mit so vielen Menschen die Zeit auf engstem Raum zu verbringen war bedrückend.

Wir Auswanderer konnten keine Ansprüche stellen. Wir hatten uns für die Auswanderung entschieden und mussten die Überfahrt nach Kanada auf dem einfachen Schiff akzeptieren. Schließlich wurde nach dem 24. Dezember das Wetter besser, und die Passagiere trauten sich wieder nach oben zu gehen. Die jungen Leute trafen sich auf dem Deck. Einer brachte eine Ziehharmonika mit, und nun wurde Musik gemacht. Wir passten uns der Bewegung des schaukelnden Schiffes an und tanzten im Schwung der Wellen einmal hinauf und dann wieder zurück. Das war lustig und machte viel Spaß.

An Bord war ein Lehrer, der uns anbot, gemeinsam Volkslieder zu singen und englische Vokabeln zu üben. Wir sollten wenigstens einige Worte für den täglichen Gebrauch lernen. Schnell wurde in einer Ecke auf dem Deck eine Plane aufgespannt, und geschützt vor Wind und Wetter saßen wir auf Kisten in unserem Unterbau, paukten englische Ausdrücke und sangen Lieder.

Einige junge Männer jedoch zeigten kein Interesse. Sie turnten lieber an dem Gestänge des Schiffes. Manche wurden dabei übermütig und machten in großer Höhe waghalsige Kunststücke. Zu allem Ent-

Mit diesem Schiff verließen die Auswanderer Deutschland ... (Foto: privat, Grundblick-Archiv)

setzen geschah etwas Schreckliches. Einer wollte sich besonders hervortun und riskierte zu viel. Von einem der Masten fiel er herunter und blieb regungslos liegen. Eine Panik brach aus, denn nun hatten wir einen Toten an Bord.

Laut Vorschrift durfte der Kapitän keine Leiche transportieren, und so fand eine Seebestattung statt. Die Passagiere, die Mannschaft und der Kapitän versammelten sich an Deck, um dem Verunglückten die letzte Ehre zu erweisen. Verschnürt in einem Seesack lag der Tote auf einer Planke. Der Kapitän sprach einige ergreifende Worte, bevor der Seesack langsam in die Tiefe rutschte. Nach einem lauten Aufklatschen, sich hin und her drehend, versank er schließlich in der aufgewühlten See. Es war so traurig. In Deutschland hatte sich der junge fröhliche Mann von seiner Mutter verabschiedet, in Kanada erwartete ihn seine Braut. Nun lag er auf dem Meeresgrund. Das Schicksal kann so grausam sein.

Auf dem Schiff herrschte eine gereizte Stimmung. Seit elf Tagen hatte man nur Wasser gesehen, Wellen und den unendlich weiten Horizont. Dieser eintönige Anblick zerrte an den Nerven. Der Abend des 29. Dezember brach an. Jeder trödelte so vor sich hin. Auch Mutter, meine Kusine Alma und ich hatten uns in eine Ecke zurückgezogen und überlegten, was wir in Kanada anfangen wollten. Für uns war es klar, dass wir zusammen bleiben würden. Plötzlich entstand ein großes Durcheinander. Einige Buben stürzten in den Raum und riefen aufgeregt: "Land in Sicht. Land in Sicht."

So schnell es ging stürmten jetzt alle hinauf und drängten sich an der Reling. Tatsächlich konnte man in der Ferne etwas leuchten sehen. Da kam auch schon eine Durchsage: "Vor uns sehen sie die Lichter von Kanada. Morgen erreichen wir Neufundland." Das Gefühl der Freude und Erleichterung war unbeschreiblich. Wir sahen das Ziel unserer Reise. So muss es wohl Kolumbus zu Mute gewesen sein, als er Amerika entdeckte.

Am Morgen des 30. Dezember wurde das Schiff entladen. Alle Neuankömmlinge sollten sich im Hafen in einer großen Halle versammeln. Dort hatten an einem langen Tisch die Beamten der Einwanderungsbehörde Platz genommen. Die Personen oder Familien wurden einzeln aufgerufen. Ein Dolmetscher übersetzte die Fragen der kanadischen Beamten. Wenn nichts beanstandet wurde, bekam man die Papiere für den künftigen Aufenthaltsort ausgehändigt und wurde mit einem freundlichen "welcome to Canada" verabschiedet. Bereits auf dem Schiff hatten wir uns über die verschiedenen Provinzen Kanadas informiert und waren jetzt natürlich neugierig, wohin wir kommen würden. Mutter und ich öffneten schnell unseren Umschlag und lasen "Hamilton, Ontario".

Man erzählte uns, dass dies eine schöne Gegend sei. Toronto und die Niagarafälle seien nicht weit entfernt. Mit einem ernsten Gesicht kam Alma zu uns. Aufgeregt zeigte sie uns ihre Papiere und meinte traurig, dass wir nun doch getrennt würden. "Das geschieht nur, weil ich mich damals in Bremen verplappert habe, jetzt schickt man mich ins kalte Alberta. Das liegt auf der anderen Seite von Kanada!"

In Deutschland waren wir vor dem Vorstellungsgespräch bei der Auswanderungsbehörde von deutscher Seite informiert und beraten worden. Man sollte, egal welchen Beruf man in Deutschland erlernt oder ausgeführt hatte, diesen verschweigen und auf die Fragen der kanadischen Beamten als Beruf nur Hausangestellte angeben. Die Einreisebewilligung war vom jeweiligen Bedarf im Lande abhängig, und jetzt waren Hausangestellte angefordert worden. Für das Frühjahr wurden dann Landarbeiter gesucht. Bei der Befragung war Alma ein Fehler unterlaufen. Statt zu sagen, ich bin Hausangestellte, hatte sie ihren richtigen Beruf Hebamme genannt. Dies wurde ihr nun hier in Kanada bei der Verteilung der Plätze zum Nachteil. Für ein Jahr wurde sie zum Dienst auf einem Bauernhof im Norden der Provinz Alberta verpflichtet. Später sollte sie uns erzählen, dass einmal in der Woche die Post per Hundeschlitten kam. Doch Alma hat durchgehalten und ist nach ihrem Pflichtjahr nach Edmonton, der Hauptstadt Albertas, in die Zivilisation zurückgekehrt.

Die Zeit drängte. Nach kurzer Verabschiedung folgten wir den Betreuern zu den Zügen. Zwei Tage und eine Nacht ratterte der Zug durch Kanadas Osten, bevor wir am 31. Dezember Hamilton erreichten, eine stark von schottischen Einwanderern geprägte Industriestadt am Ufer des Ontariosees.

Es dunkelte bereits, als sich alle mit ihrem Gepäck auf dem Bahnsteig gruppierten. Die Betreuer verhandelten mit den wartenden Herrschaften, die ihre deutschen Hausangestellten abholen wollten. Wir alle hatten uns verpflichtet, die zugewiesene Arbeit für ein Jahr anzunehmen. Später sollte sich dann jeder für eine andere Tätigkeit entscheiden können. Meine Mutter wurde der Familie Laings zugeteilt. Ich durfte für eine Nacht bei ihr im Hause der Laings bleiben. Am nächsten Tag sollte ich dann zu dem Fabrikanten Innis gebracht werden.

Nachdem Mister Laings unser Gepäck in seinen Straßenkreuzer geladen hatte, fuhren wir durch die bunt geschmückte Stadt. Es war Silvester, und viele fröhliche Menschen waren in den Straßen unterwegs. Vor einem feudalen Haus stiegen wir aus und betraten anschließend ängstlich einen riesigen Raum. So viel Prunk und Gediegenheit hatte ich in meinem jungen Leben noch nicht gesehen.

Bisher hatte ich nur Verwüstung, Flucht, Flüchtlingslager und Notbehelfe kennen gelernt. Nach Kriegsende waren wir als Heimatvertriebene nach Hachborn gekommen, und in der Bachstraße war uns ein Zimmer zugewiesen worden. Dort hatten meine Mutter, mein Bruder und ich uns den bescheidenen Raum geteilt, in dem gekocht und geschlafen wurde und wo man zum Waschen eine Schüssel hatte. Und das Klo mit einem Herzchen an der Tür war auf dem Hof.

Ich stand da wie Alice im Wunderland und staunte über den Luxus. Im Eingang standen große Vasen, in den Vitrinen funkelte Silber und Kristall, im Kamin prasselte ein Feuer, auf dicken Teppichen standen schwere Sessel. In einem atemberaubenden Abendkleid kam die Hausherrin die Treppe herunter geschritten und begrüßte uns kurz. Nachdem sie mit den herbeigeeilten Dienstmädchen einige Worte gewechselt hatten, entfernten sich die Herrschaften wieder.

Nach einem kleinen Imbiss führte uns ein freundliches Mädchen in das für meine Mutter bestimmte Zimmer mit angrenzendem Bad.

Wir lächelten uns achselzuckend zu, weil wir beiderseits die Sprache des anderen nicht verstanden. Eine Verständigung erfolgte durch Gesten und Handzeichen. Als Mutter und ich allein waren, gönnten wir uns erst ein Bad mit viel Wasser und Schaum. Danach fielen wir in einen tiefen Schlaf. Nach der langen Fahrt waren wir völlig erschöpft.

Wir verschliefen sogar das Glockengeläut zum Jahreswechsel. Doch am Neujahrstag begann für meine Mutter und für mich ein ereignisreiches neues Leben in Kanada."

Auf der Fahrt nach Kanada ... (Foto: privat, Grundblick-Archiv)

Flüchtlingserinnerungen

Subjektive Berichte und Kindheitserinnerungen müssen erzählt werden, ohne dass dies zu einer Relativierung der beispiellosen Verbrechen der Nazis führen darf. Das unvorstellbare Leid des 2. Weltkrieges hat nur einen Verursacher: die deutschen Nationalsozialisten und alle, die verantwortlich waren, dass diese Verbrecher an die Macht kamen. Und es gilt, über den Krieg hinaus, die Strukturen herauszufinden, die ein menschenverachtendes System wie den Hitler-Faschismus möglich machten und daraus Konsequenzen für die Gegenwart zu ziehen.

Die Erinnerungen von Helene Hartung, Grundblick-Ausgaben April 2013 bis Juli 2013:

"Geboren wurde ich auf der Halbinsel Krim am Schwarzen Meer in dem deutschen Dorf Rosalienfeld. In den Wirren des 2. Weltkriegs verlor ich als Kind meine Heimat und kam nach langer Flucht in das Marburger Land.

Wie das alles geschah, will ich hier erzählen. Die Krim, die heute zur Ukraine gehört, war im 18. Jahrhundert, als Katharina die Große russische Zarin war, Ziel vieler deutscher Auswanderer. Auch meine Vorfahren aus Schwaben waren dabei.

Mein Vater war Lehrer in Rosalienfeld. Viele Dörfer auf der Krim hatten deutsche Namen. Über Generationen hatte man an Traditionen und der deutschen Sprache festgehalten. Die ersten Jahre meiner Kindheit waren harmonisch. Russen, Ukrainer, Deutsche und Tataren lebten friedlich auf diesem wunderschönen Flecken Erde. Als sich am Ende der 30er Jahre der Krieg zwischen Hitler- Deutschland und der Sowjetunion bereits abzeichnete, änderte sich dies auf dramatische Weise. Mein Vater und viele deutsche Männer wurden 1938 als vermeintliche Spione verhaftet und zu langer Zwangsarbeit oder zum Tode verurteilt. Mein Vater starb nach Folterungen im Gefängnis in Feodosija, Krim.

Als Vierjährige sah ich meinen Vater im Gefängnis das letzte Mal. In dem mit hohen Mauern umgebenen Hof, war eine mit Stacheldraht abgesperrte Ecke. Dort durften Angehörige einen Blick auf die Gefangenen werfen, wenn sie beim Rundgang auf den Hof kamen. Als wieder eine Gruppe Gefangene einen Rundgang machten, war mein Vater dabei. Die herumstehenden Menschen hoben mich über den Stacheldraht und meine Mutter rief mir zu, " lauf Lenchen, da ist dein Vater!" So schnell ich konnte lief ich auf meinen Vater zu. Er löste schon die auf seinem Rücken gekreuzten Hände, um mich aufzufangen. Plötzlich stand ein Rotarmist vor mir und zielte mit dem Gewehr auf mich. Langsam hob ich den Kopf, erst sah ich den Lauf des Gewehres, dann den roten Stern an der Mütze des Soldaten. Mein Vater ließ seine Arme sinken und verschränkte seine Hände wieder hinter dem Rücken. Der Rotarmist

Die Eltern von Helene Hartung (Foto: privat, Grundblick-Archiv)

drängte mich mit dem Gewehr fuchtelnd und "davai" rufend zurück. Verängstigt und starrend auf das Gewehr ging ich Schritt für Schritt zurück. Wütend schrie er in die Menge:" Beim nächsten Mal schieße ich!"
Dieses Erlebnis verfolgt mich bis heute in meinen Träumen.

Als mein Vater verhaftet wurde, mussten wir das Schulhaus verlassen. Zuerst arbeitete meine Mutter in einer Kolchose, dann zogen wir zu meiner Großmutter in den schönen Badeort Sudak mit der Genuesischen Festung.

Im Kindergarten wurde ich von den russischen Kindern weggestoßen und als Deutsche "nemzi" beschimpft.

Nach dem deutschen Angriff auf die Sowjetunion 1941 wurden die deutschen Familien nach Kasachstan oder Sibirien zwangsweise umgesiedelt. Mit kleinem Gepäck saßen wir vor dem Haus und warteten auf den Lastwagen, der uns zur Bahnlinie brachte. Es folgten viele Lastwagen, bis wir auf freier Strecke den Zug erreichten. Zwischen Sand und Gestrüpp wurden die Menschen auf die Waggons verteilt. Mein kleines Herz war schwer. Alle jammerten und ich verstand nur, dass wir fort müssen und nie wieder zurück dürfen. Ich lief einfach weg. Da war eine Düne, die kletterte ich hinauf und suchte den Horizont nach meinem geliebten Schwarzen Meer ab. Wie oft war meine Oma mit mir und meinem Bruder an den Strand gelaufen. Wir gruben Oma dann in dem heißen Sand ein und spielten in der Ruine der Festung hoch über dem Strand gelegen.

Verzweifelt rief ich laut:" Ich will schwer arbeiten, aber ich komme wieder!" Ich schlich mich zurück zu meiner Mutter. Als alle Leute untergebracht waren, wurden die Türen von außen verriegelt. Einmal am Tag hielt der Zug, weit ab von bebautem Gebiet. Ein Verpflegungswagen brachte Proviant. Die Behälter für unsere Notdurft wurden geleert und schon ging es weiter.

Nach vielen Tagen hielt der Zug auf einem Bahnhof. Zu Mutters Erstaunen war es Molotschansk (Halbstadt/Ukraine) Hier wohnte eine Schwester meiner Mutter.

Der Zug wurde schwer bewacht. Bewaffnete Soldaten patrouillierten an beiden Seiten des Zuges. Die Lokomotive hatte einen Motorschaden und der Aufenthalt zog sich hin. Meine Mutter nutzte die günstige Gelegenheit, um unter Lebensgefahr und ohne Gepäck mit mir und meinem Bruder aus dem bewachten Zug zu fliehen.

Wir versteckten uns bei meiner Tante, bis die deutschen Truppen einmarschierten. Es wurden deutsche Schulen eröffnet und wir wurden mit den Möglichkeiten der damaligen Zeit unterrichtet. Meine ältere Cousine bekam die Chance, ihr schon auf der Krim begonnenes Medizinstudium in Marburg an der Lahn fortzusetzen.

Alles schien sich zum Guten gewendet zu haben, doch den Krieg sollten wir noch hautnah erleben. Die sowjetischen Truppen verteidigten ihre Heimat und zwangen die Deutschen zum Rückzug. Wieder wurde ein Transport zusammengestellt, der die deutsche Bevölkerung aus diesem Gebiet in Richtung Deutschland bringen sollte. Mit vielen Unterbrechungen und einem längeren Aufenthalt in Kamenec-Podolsk kamen wir über Litzmannstadt (Lodz) in den Warthegau. Wir bekamen Kennkarten und waren endlich wieder Deutsche und durften es, ohne Angst zu haben, ab jetzt sein.

Wir gehörten zu der großen Flüchtlingswelle, die auf der Flucht vor der Roten Armee im Januar und Februar 1945 nur ein Ziel hatte, heil in den Westen zu kommen.

In Polen, im damaligen Warthegau, wurden wir in Kruschwitz untergebracht, doch wieder nur für kurze Zeit.

Als die Front näher rückte, wurden wir aufgerufen, den letzten Zug in Richtung Stettin zu nehmen. Auf der Fahrt wurde der Zug von Partisanen beschossen, wir hatten alle große Angst.

Erst wieder in Melintin (Pommern) war Endstation. Im Dorf wurden wir bei der Bevölkerung untergebracht. Doch einige Tage später mussten die Menschen ihren Ort wegen der näher rückenden Front verlassen und meine Mutter und ich wurden von einer Bäuerin auf ihrem Pferdewagen mitgenommen. In einem Treck von fünf Wagen fuhren wir bis in die Nähe von Pyritz. Die Front kam immer näher und wir suchten Unterschlupf auf einem Bauernhof.

Gemeinsam mit den Bauersleuten saßen die Erwachsenen vor dem Radio und hörten BBC London, das war eine verbotene Sache. Plötzlich hörten wir Pferdegetrampel. Alle erstarrten bei dem Gedanken, es könnten Russen sein, doch es waren deutsche Soldaten, die von ihrer Truppe getrennt wurden. Der Offizier erklärte uns, dass sie eingekreist seien und morgen, nach einer kurzen Rast, versuchen würden, den Kessel zu durchbrechen.

Zu unserem Treck gehörte ein achtzehnjähriges Mädchen. Ihr Vater bat den Leutnant, seine Tochter mitzunehmen, da man ja von den Greueltaten der russischen Soldaten gehört hätte. So kam es, dass das Mädchen in Männerkleidung mitgenommen wurde. Ich habe nie erfahren, ob sie durchgekommen sind.

Am nächsten Tag rollten russische Panzer auf den Hof. Mit vorgehaltenem Gewehr mussten wir uns alle in einer Reihe auf dem Hof aufstellen. Ein russischer Soldat ging die Reihe ab und forderte Uhren und Schmuck, danach wurden wir aufgefordert, mit Handgepäck in den zurückliegenden Ort zu marschieren.

Der Bauer weigerte sich, seinen Hof zu verlassen, da zog der Soldat seine Pistole und zielte auf ihn. In diesem Moment fuhr ein Jeep mit einem Offizier auf den Hof. Es folgte ein scharfer Befehl und der Soldat ließ die Waffe fallen. So verließen wir den Hof und alles, die Pferde und die beladenen Wagen, blieben zurück. In dem anderen Ort wurden wir in die Häuser eingewiesen.

Fünf Tage im Februar 1945 dauerte die Belagerung. Nachts kamen die Soldaten und holten die Frauen. Dann brach ein Kampf los. Granaten explodierten, Maschinengewehre knatterten, wir kauerten verängstigt eng beisammen und dann war es still. Wir hörten wieder Panzer rollen, aber diesmal waren es die Deutschen. Unsere Freude war groß.

Doch schon am nächsten Tag griffen die Russen in Übermacht an und die Deutschen mussten sich zurückziehen. Die Dorfbevölkerung wurde aufgefordert, den Ort zu verlassen. Wir schlossen uns einigen Soldaten an. In den Straßen wurde gekämpft. In einer Feuerpause überquerten wir die Straße, plötzlich begann das Schießen erneut und der Soldat, der hinter uns lief, wurde getroffen und brach zusammen. Ein anderer kroch zu ihm hin, der Soldat griff in seine Tasche und reichte ihm einen Brief "für meine Mutter" das waren seine letzten Worte. Wir mussten weiter, der Soldat blieb liegen.

Die anderen Soldaten trennten sich von unserer Gruppe und so marschierten wir querfeldein weiter und immer weiter.

Die Straßen waren mit Militärfahrzeugen blockiert. Wir mussten uns auf Seitenwegen durchschlagen. Hinter uns hörten wir die Maschinengewehre knattern. In Panik hetzten wir über gefrorene Stoppelfelder weiter.

Wenn ich auf eine Stoppel trat, musste ich an ein Maisfeld denken. Auch damals hatte ich große Angst. Gemeinsam mit meinem Bruder mussten wir uns stundenlang in dem Maisfeld verstecken, aber damals gelang die Flucht. So hoffte ich, dass wir auch jetzt den Russen entkommen würden.

Mit den Gedanken kam die Erinnerung. Es begann im Jahre 1941…

Die Zwangsumsiedlung und den Transport nach Kasachstan habe ich mit sieben Jahren nicht verstanden. Eingepfercht in verschlossenen Viehwaggons fuhren wir tagelang, ohne etwas sehen zu können. Angehalten wurde nur auf offener Strecke. Doch dieses Mal hielt der

Zug an einer Bahnstation, weil die Lokomotive einen Motorschaden hatte. Die Reparatur sollte länger dauern, so durften die Menschen die Waggons verlassen und sich unter Bewachung auf dem Bahnhofsgelände bewegen.

Zum Erstaunen meiner Mutter war es der Bahnhof Moljetschansk-Halbstadt, hier wohnte zufällig eine Schwester meiner Mutter. Irgendwie gelang es meiner Mutter, ihre Schwester zu benachrichtigen. Es dauerte sehr lange, bis zwei fremde Frauen an dem Bahnhofsgebäude zu sehen waren. Meine Mutter nutzte eine günstige Gelegenheit, um mit den Beiden zu sprechen.

Danach nahm sie meinen Bruder Viktor und mich zur Seite und flüsterte: "Kinder, ihr müsst jetzt tapfer sein! Wenn der Wachposten vorbei gegangen ist, versucht ihr unauffällig zu den beiden Frauen zu gehen. Es sind eure Tanten Ida und Therese."

Mein Bruder nahm mich fest an die Hand und zog mich fort. Mit Tränen in den Augen schaute ich immer wieder zu unserer Mutter zurück. Die Tanten, die wir nie zuvor gesehen hatten, brachten uns einzeln zu einem nahe gelegenen Maisfeld. Sie ermahnten uns, ganz still zu sein und zu warten, bis sie unsere Mutter geholt hätten. Dann ließen sie uns zurück.

Inzwischen hatte unsere Großmutter im Waggon die Absicht meiner Mutter durchschaut, mit uns Kindern heimlich den Transport verlassen zu wollen. Aus Angst vor Aufdeckung und Bestrafung beschwor sie Mutter, es nicht zu tun, um uns Kinder nicht zu gefährden.

Zu dieser Zeit saßen mein Bruder und ich schon längst im Maisfeld. Wir hatten Hunger und Durst. Die Zeit verging und es wurde schon dunkel.

Auf einmal hörten wir das Signal der Lok, der grelle Ton zerriss die Stille.

Wir klammerten uns aneinander und heulten wie zwei einsame, hungrige Wölfe. Wir hatten große Angst, dass unsere Mutter es nicht geschafft hätte, den Zug zu verlassen.

Wir dachten nur, jetzt fährt sie ohne uns weiter und wir sitzen hier im Maisfeld.

Verzweifelt horchten wir auf jedes Geräusch, es war unheimlich. Plötzlich waren Schritte und Stimmen zu hören und aus der Dunkelheit tauchten Gestalten auf. Wir atmeten auf, es waren unsere Mutter und die beiden Tanten.

Wir waren dem Schreckgespenst Kasachstan entronnen, unsere Großmutter aber war auf dem Weg ins Ungewisse. Später kam auf Umwegen eine Nachricht von ihr aus Kasachstan. Sie schrieb:" Wir leben in einem Erdloch, rundherum ist nur Steppe. Wir hungern, Hunde und Katzen gibt es hier keine

*Helene Hartung als Kind mit Mutter und Bruder Viktor
(Foto: privat, Grundblick-Archiv)*

mehr."

Wir haben unsere Großmutter nie wieder gesehen.

Im Maisfeld standen wir alle beisammen und waren froh, entkommen zu sein. Aber wir mussten noch abwarten, ob man nicht doch noch nach uns sucht. Als alles ruhig blieb, schlichen wir uns zum Haus von Tante Ida.

Diese Erinnerungen lagen vier Jahre zurück.

Bei der jetzigen Flucht im Februar 1945 war es für mich mit elf Jahren schwer die schrecklichen Erlebnisse von damals und heute immer wieder verkraften und verarbeiten zu müssen. Alles Grübeln half nichts. Wir wollten überleben und mussten unseren Weg fortsetzen.

Nach entbehrungsreichen Tagen erreichten wir Stettin. Der Bahnhof und die Bahnsteige waren überfüllt, jeder wollte einen Zug erreichen. Die Züge kamen schon voll besetzt an und immer wieder drängten sich Menschen hinein.

Ich wurde von der Menge mitgerissen und in einen Wagen geschoben, da rief der Schaffner "zurück!". Meine Mutter stand aber noch auf dem Bahnsteig, da schrie ich: " Ich will zu meiner Mutter!" Der Schaffner ließ sie schließlich doch noch einsteigen, sonst wären wir getrennt worden. Wir landeten nach langer Fahrt in Naumburg an der Saale. Uns wurde ein Zimmer in der Hallischen Straße zugeteilt. Mein Bruder war zu dieser Zeit nicht bei uns, er war in einem Internat in Böhmen. Meine Mutter hatte ihm unsere Adresse mitgeteilt und eines Tages stand er plötzlich vor der Tür. Sein Direktor hatte ihm geraten, zu seiner Mutter zu fahren, da das Internat geschlossen werden sollte und eine Einberufung für Lehrer und Schüler wahrscheinlich war. Wir waren sehr froh, dass mein Bruder wieder da war. Unsere Hauswirtin, die eine überzeugte Parteigenossin war, hatte unser Gespräch mitgehört.

Sie sagte einige Tage später zu meiner Mutter: " Wenn ihr Sohn nicht sofort zu seiner Schule zurückkehrt und für sein Vaterland zu kämpfen bereit ist, werde ich ihn melden!" Mein Bruder war zu diesem Zeitpunkt gerade einmal sechzehn Jahre alt; schweren Herzens brachten wir ihn zum Zug. Als er die Schule erreichte, war niemand mehr da, keiner wusste, was aus den anderen Schülern geworden war. Also beschloss er, zu uns nach Naumburg zurückzukommen. Die Züge fuhren unregelmäßig oder gar nicht, oft musste er zu Fuß gehen, manchmal wurde er ein Stück mitgenommen. Als er auf seinem Weg eine Brücke überquerte, wurde er von amerikanischen Soldaten angehalten. Sie fragten ihn: " Boy, wo willst du hin?" Voller Angst stotterte er, " zu meiner Mutter", da ließen sie ihn laufen. Hungrig und verwahrlost kam er schließlich bei uns an. Meine Mutter sagte zu der Hauswirtin: " Sehen Sie, was Sie dem Jungen angetan haben, jetzt könnte ich Sie auch bei den Amerikanern melden." Geknickt entschuldigte sich die Frau, sie habe doch an den Führer geglaubt und auf den Endsieg gehofft.

Wir zogen aus und suchten uns eine andere Bleibe.

Nach Kriegsende kamen zuerst die Amerikaner, kurz darauf besetzte die Rote Armee das Gebiet. Für uns Russlanddeutsche wurde es nun gefährlich. Obwohl wir inzwischen die deutsche Staatsangehörigkeit erhalten hatten, wurden wir von russischer Seite als Vaterlandsverräter angesehen.

Viele Familien wurden zurückgeschickt und kamen nach Sibirien. Als russische Lastwagen durch Naumburg fuhren und die Menschen aus den Wohnungen geholt wurden, packte meine Mutter kurz entschlossen die nötigsten Sachen zusammen. Mit der Angst im Nacken eilten wir zum Bahnhof und fuhren mit dem nächsten Zug fort, einfach nur fort.

Schließlich kamen wir in ein Flüchtlingslager in Bad Sulza. Und wieder hatte meine Mutter den rettenden Einfall. Sie gab an, sämtliche Papiere mit Angaben über unsere Herkunft verloren zu haben, so erhielten wir neue Ausweispapiere und nach wochenlangem Warten endlich die Erlaubnis, die russische Zone zu verlassen.

Mit dem Zug fuhren wir über Friedland im britischen Sektor nach Marburg an der Lahn, was zum amerikanischen Sektor gehörte.

Im kleinen Ort Hachborn bei Marburg bekamen wir einen Raum zugeteilt. Das Zusammenleben mit den Einheimischen gestaltete sich anfangs schwierig. Manche betrachteten die Flüchtlinge und Heimatvertriebenen nach wie vor als unerwünschte Fremdlinge.

Meine Mutter sah für uns in Deutschland keine Zukunft und so entschlossen wir uns im Jahre 1950 nach Kanada auszuwandern, um ein neues Leben zu beginnen."

Leben in Kanada

Helene Hartung erinnert sich in den Grundblick-Ausgaben August 2013 bis Oktober 2013 über das Leben in Kanada nach der Auswanderung:

"Kanada ist ein schönes, interessantes Land mit enormen Gegensätzen. Auf der einen Seite findet man große Städte und Zivilisation, auf der anderen Seite wilde Natur, Busch und riesige Wälder. Man muss sich erst an Land und Leute gewöhnen; im Vergleich zu Deutschland ist alles größer und weiter, zwischen den einzelnen Städten müssen oft riesige Entfernungen zurückgelegt werden. Für uns war es ein Schritt in eine andere Welt als wir beispielsweise die achtspurige Autobahn um Toronto sahen. Verließ man den Bereich der Großstädte, fuhr man lange Strecken durch unbebautes Land, wobei zwischen den einzelnen Tankstellen 100 Meilen liegen konnten.

Man begegnete vielen Nationalitäten. Viele kleideten sich legerer als die Europäer. Besonders die deutschen Einwanderer konnte man schon von weitem an ihren hellen Popelin Mänteln erkennen. Meinen Mantel verbannte ich schnell in den Schrank, denn wir wollten auf keinen Fall auffallen. So kurz nach dem Krieg wurde den Deutschen wenig Sympathie entgegengebracht. Es kam vor, dass wir angepöbelt wurden und als "Bad Germans" beschimpft wurden. So achteten wir anfangs darauf, im Bus oder auf der Straße nur leise Deutsch zu sprechen und so gut es eben ging, das Englische zu benutzen. Jedoch waren die meisten Kanadier freundlich zu uns.

Nach der Landung in Neufundland und der langen Fahrt durch Kanadas Osten bis nach Hamilton in Ontario war ich jetzt neugierig, wo ich mein Pflichtjahr verbringen würde. Die Auswanderer hatten sich verpflichten müssen, die ihnen zugewiesene Arbeit für ein Jahr anzunehmen. Im Gegenzug wurde die Überfahrt von Deutschland nach Kanada von der Kirche in Winnipeg vorfinanziert. Den Jahreswechsel verbrachte ich mit meiner Mutter in deren neuem Domizil. Am Neujahrstag des Jahres 1951 wurde ich von meiner künftigen Arbeitgeberin Mrs. Innes abgeholt. In einem Cadillac fuhren wir durch Hamilton zu einem höher gelegenen Stadtteil die Serpentinen hinauf. In dem riesigen Fahrzeug kam ich mir klein und verloren vor. Wir bogen in eine parkähnliche Anlage ein, umfuhren das herrschaftliche Haus vorbei an der prachtvollen Vorderfront und hielten vor dem Lieferanten- und Dienstboteneingang. Dort wurde ich von der Köchin Mary erwartete. Mary und ich hatten unsere Schlafzimmer mit eigenem kleinem Bad in einem separaten Teil des Hauses. Neben der Küche gab es einen gemütlichen Aufenthaltsraum. Außer der Köchin war noch eine Putzfrau da. Weil ich noch so jung war, wurde ich für leichte Arbeiten und zur Betreuung der drei Kinder eingeteilt.

Die Verständigung war anfangs schlecht, und so fuhr mich Mrs. Innes zweimal in der Woche hinunter in die Stadt zum Englischunterricht. Auf Schulbänken saßen Holländer, Italiener, Franzosen und Deutsche. Der Lehrer vor uns sprach nur Englisch. Den Unterricht begann er indem er verschiedene Gegenstände zeigte und deren Namen an die Tafel schrieb. Jeder schrieb nun in seiner eigenen Sprache die Bezeichnungen auf. Im Hause Innes waren die Kinder sehr bemüht, mit sprachlich zu helfen. Bald zeigte sich der Erfolg und wir konnten uns zunehmend besser verständigen.

Die Einwanderer trafen sich in der Kirche von Pastor Müller. Nach dem Gottesdienst fand ein gemütliches Beisammensein im angrenzenden Raum statt. Dort wurden Erfahrungen ausgetauscht und Ratschläge gegeben. Schließlich stand der Besuch einer Abordnung der Kirche in Winnipeg an. Pastor Müller wollte glänzen und übte mit uns ein Kirchenlied ein: Nun danket alle Gott - Now thank we all our God. Die Delegation aus Winnipeg war von unserem Gesang begeistert. Allerdings hatten die wenigsten Sänger den englischen Liedtext verstanden, wir waren ja erst vier Wochen im Lande.

Diejenigen, die schon länger in Kanada waren, hatten eine feste Arbeit. Manche bewohnten eigene Häuser und besaßen ein Auto, das als Fortbewegungsmittel in Kanada sehr wichtig ist. Längere, oder auch kürzere, Wegstrecken zu laufen, war unüblich und galt als Merkwürdigkeit. Etliche hatten zwei Arbeitsstellen und sagten "ohne Fleiß kein Preis". Krankfeiern war unbekannt. Einer berichtete von seiner harten Arbeit als Holzfäller in den Wäldern des kanadischen Nordens. Die Unterbringung in Holzhütten war primitiv, und es konnte durchaus auch einmal zu einer Begegnung mit einem Grizzlybären kommen. Die Zivilisation war weit entfernt, die wilde Natur jedoch unbeschreiblich schön. Nach vier Jahren konnte er sich von dem verdienten Geld am Ontariosee eine kleine Farm kaufen.

Mit handwerklichen Berufen wie Automechaniker, Schlosser oder Maurer hatte man bessere Chancen einen Arbeitsplatz zu bekommen, während dies bei kaufmännischen und akademischen Berufen schwieriger war. Meine Kusine Toni war in

Marburg als Ärztin tätig gewesen, doch in Kanada wurde die Promotion nicht anerkannt und musste wiederholt werden. Später bekam sie als Professorin einen Lehrstuhl für Anatomie an der Universität von Kingston, Ontario.

Auch im Hause Innes gab es mit der Zeit Veränderungen. Die Putzfrau wurde entlassen, und ihre Aufgaben wurden mir übertragen. Was blieb mir anderes übrig? Kurz davor hatte Mr. Innes für Herbert und meinen Bruder Viktor für Arbeitsplätze in seiner Fabrik gebürgt. Schnell wurde eine Wohnung gefunden, und so konnten beide die Reise nach Kanada antreten.

Zur gleichen Zeit besuchte Mr. John Cappeller aus Buffalo, USA, seine Verwandten in seinem Heimatort Hachborn. Bei dieser Gelegenheit kam er auch nach Wittelsberg zu Herberts Mutter, einer entfernten Verwandten, wo er Herberts Adresse in Kanada erfuhr. Mr. Cappeller war schon Jahre zuvor nach Amerika ausgewandert und besaß ein Herrenbekleidungsgeschäft in Buffalo. Nach seiner Rückkehr aus Deutschland nahm er Verbindung mit Herbert auf. Buffalo liegt in unmittelbarer Nähe

Dienstkleidung während des Pflichtjahres (Foto: privat, Grundblick-Archiv)

der kanadischen Grenze jenseits des Niagaraflusses auf amerikanischer Seite. Als Emigranten durften wir jedoch ohne ein Visum in die USA nicht einreisen.

Onkel John und seine Frau Betty besuchten uns oft in Hamilton, wo wir dann gemeinsam viele Ausflüge in die Umgebung unternahmen, zum Beispiel zu den Niagarafällen. Mit Schutzkleidung standen wir unter dem brausenden Wasserfall auf kanadischer Seite und beobachteten die donnernden Wassermassen. An der Seite des Wasserfalls führte eine Treppe hinauf. Mutig zogen wir uns am Geländer haltend auf den glitschigen Stufen hinauf.

Ein unvergessliches Erlebnis war die Fahrt mit dem Boot direkt zum Wasserfall. Man bekam Herzklopfen als man sich direkt vor dem steil herunter stürzenden Wasser befand. Es kostete uns viel Überwindung, doch wagten wir es auch, uns in die Gondel zu setzen, zwischen Himmel und tobendem Wasser zu schweben, um den Niagarafluss zu überqueren. Ein großes Erlebnis war auch eine lustige Delphinschau am Eriesee. Oft hielten wir an einem Picknickplatz, wo dann Tante Betty die leckersten Sachen aus dem Kofferraum auf den Tisch brachte. Applepie und Angelcake hatten wir bis dahin nicht gekannt. Überhaupt mussten wir uns in Kanada an viele uns vorher unbekannte Speisen gewöhnen.

In der Nähe von Hamilton gab es ein Indianerreservat. In den Städten waren die Indianer zu jener Zeit nicht gern gesehen; die Ureinwohner wurden in ihrem eigenen Land unterdrückt und diskriminiert. An Lokalen und an Geschäftstüren war oft zu lesen "Für Indianer verboten". Onkel John ermöglichte uns einen Besuch in dem Reservat, das an bestimmten Tagen den Zugang ermöglichte und eine Art öffentliches Programm anbot. Vor den Tipis saßen alte, Pfeife rauchende Frauen und Männer mit zerfurchten Gesichtern. Wie in den typischen Filmen tanzten junge Frauen mit bunten Röcken, langen schwarzen Zöpfen und Stirnband zur rhythmischen Musik, während junge, bemalte Männer mit Kopfschmuck, Pfeil und Bogen sich stampfend um ein Lagerfeuer bewegten. Diese Eindrücke stimmten uns nachdenklich.

Im Jahre 1952 besuchten die angehende englische Königin Elisabeth und ihr Prinzgemahl Philip das mit Großbritannien eng verbundene Kanada, wobei sie auf ihrer Tour auch nach Hamilton kamen. Fähnchen winkend standen wir voller Erwartung am Straßenrand und sahen das junge Paar in einer offenen, gut bewachten Limousine vorbeifahren. Das Foto, das ich bei dieser Gelegenheit machen konnte, besitze ich heute noch.

Eines Tages machte uns Onkel John einen Vorschlag und bot Herbert und mir an, zu ihm nach Buffalo zu ziehen. Sein eigener Sohn war verstorben, Herbert sollte sein Nachfolger werden und später das Geschäft übernehmen. Das Angebot war verlockend, doch hätte Herbert dann auch amerikanischer Soldat werden müssen. Und das wollte er keinesfalls.

Mit der Zeit hatte ich mich im Hause Innes eingearbeitet. Wenn Mary Ausgang hatte, übernahm ich die Küche und das Kochen. Mrs. Innes sah es wohlwollend wie schnell ich begriff und meine Arbeit ordentlich verrichtete. Und so machte sie mir nach acht Monaten ein Angebot. Mary hatte eine andere Stelle angenommen, und ich sollte nun die Küche übernehmen. Das war für ein so junges Mädchen eine große Aufgabe. Mrs. Innes bot mir doppeltes Gehalt und einen Bonus, falls ich länger bliebe. Die Familie war mit meiner Arbeit zufrieden, die Bezahlung war gut, und so blieb ich länger als es mein Pflichtjahr vorsah. Ich hatte eine gemütliche Bleibe, und Herbert konnte mich so oft er wollte besuchen. Er gewöhnte sich allerdings nur mit Mühe an

Besuch der englischen Königin Elisabeth (Foto: privat, Grundblick-Archiv)

Gebürtige Hachborner John Cappeller mit Frau bieten Herbert an, zu ihnen nach Buffalo zu ziehen (Foto: privat, Grundblick-Archiv)

das Leben in Kanada und sagte oft, er werde hier nicht bleiben. Wenn Post aus Wittelsberg kam, wurde er traurig. Ich spürte, dass er Heimweh hatte.

Bekannte von uns lebten in Vineland in der Nähe der Niagarafälle auf einer Obstfarm und verdienten dort während der Ernte gutes Geld. Nach einer gewissen Zeit wollten wir uns verändern und gingen für eine Saison zur Erdbeerernte auf eine große Farm. Das war eine schöne Zeit. Bis mittags 12 Uhr wurden Erdbeeren geerntet, da sie danach an Geschmack verloren. Abgerechnet wurde pro Körbchen. Wir kamen nicht selten auf 20 Dollar pro Tag, was nach damaligem Wechselkurs (mal vier) ein sehr guter Verdienst war. Den Nachmittag verbrachten wir am Ontariosee oder fuhren in die nahe gelegene Stadt St.Catharines ins Kino.

Allmählich reifte der Gedanke an eine Rückkehr nach Deutschland, wobei meine Mutter jedoch strikt gegen dieses Vorhaben war. Da ich noch nicht volljährig war, verbot sie mir Kanada zu verlassen. Doch die Liebe war stärker als mein Gehorsam, und wir beschlossen gegen alle Widerstände unsere Rückreise nach Deutschland. Noch einmal trafen wir uns mit Onkel John und Tante Betty an den Niagarafällen.

Onkel John wollte uns unbedingt sein Zuhause in Buffalo zeigen, den Ort, den wir für unsere Zukunft ausgeschlagen hatten. Zwischen Niagara und dem amerikanischen Buffalo befand sich eine Grenzbrücke. Die Grenzbeamten fragten nur: "Where are you from?"- "Woher kommt ihr?" Da unsere englische Aussprache noch nicht perfekt war, wollte Onkel John nichts riskieren. Wir suchten das Konsulat auf und baten um die Erlaubnis, für einige Stunden in die USA einreisen zu dürfen. Dies wurde uns nicht gestattet, und wir mussten einen Visumsantrag stellen. Nach langer Zeit, als wir schon längst wieder in Wittelsberg waren, bekamen wir die Einreisegenehmigung in die USA zugestellt.

So traurig es für meine Mutter auch war, und so sehr sie es mir auch lange nicht verzeihen konnte, traten Herbert und ich die Rückreise mit der MS Atlantik an. Jetzt handelte es sich um ein großes Passagierschiff. Wir landeten in Le Havre, Frankreich. Über Paris fuhren wir dann mit dem Zug nach Frankfurt/Main. Vieles ging mir durch den Kopf auf der Fahrt in den Ebsdorfergrund. Doch musste ich mir auch eingestehen, wie schön Deutschland ist."

Quellen:

Ayaß, Wolfgang: Zwangssterilisation im Nationalsozialismus, Kassel 2007.

Balzer, Erhard: Auch in Schröck...

Bellnhäuser Dorfkalender 2010, herausgegeben von Heinz und Willi Rabenau

Bildband Bellnhausen - ein Rückblick auf Land und Leute", herausgegeben vom Heimat- und Kulturverein Bellnhausen 2002 e. V

Der Ebsdorfer Grund: Einblick in eine lange Geschichte, Gemeinde Ebsdorfergrund (Hrsg.), 2004

Dorfchronik Oberrosphe, herausgegeben von Gretel Fourier

Grundblick Verlag, Monatsmagazine Grundblick, Burgblick, Lahnblick, 2008-2014

Heimat Ebsdorf - die Folgen von Krieg für Menschen in Ebsdorf und überall. Broschüre des Heimat- und Verschönerungsvereins)

Junge, Annamaria: "Niemand mehr da", Jonas-Verlag 2012

Kaiser, Justus, Wittelsberg, Chronik, Verlag Karlheinz Stahringer 1990

Klee, Ernst: "Euthanasie" im Dritten Reich, Frankfurt 2010.
Westermann, Stefanie: Verschwiegenes Leid, Köln 2010.

Krause, Helmut, Gegenwärtige Vergangenheit, Beltershausen - Frauenberg - Hof Capelle, Beltershausen 1992

Krause, Helmut, Gegenwärtige Vergangenheit, Beltershausen - Frauenberg - Hof Capelle, Nachträge - Beltershausen 2001

Meyerding, Mirko (Hg.): Geliebte Zigeunerkinder - das Tagebuch der Agnes Blanke, Marburg 2008.

Plattes Wearderbuch - Mundart im Lahntal, herausgegeben von Heinz und Willi Rabenau

Schulchronik Roßberg

Theaterarchiv Kulturzentrum Waggonhalle Marburg

Vereinschronik, TSV Amöneburg, 1998

Vereinschronik, SG Fronhausen, Homepage

Vereinschronik, MGV Mardorf, 2001

Vereinschronik, Gesangverein "Cäcilia" Schröck, 1993

Vereinschronik, TSV Wittelsberg

Vereinschronik, Freiwillige Feuerwehr Wittelsberg

www.bundesarchiv.de/gedenkbuch

Zerbrochene Zeit, Verlag Buchlabor Dresden, 1999

Im Grundblick Verlag erschienen:

Willi Schmidt: In die neue Welt
Ein historischer Roman aus Oberhessen
260 Seiten, ISBN: 978-3-9802133-8-7

Ein oberhessisches Dorf vor 100 Jahren. Nach dem Kirmes-Besuch ein paar Dörfer weiter, kommen "Burschen" und "Weibsleute" im Morgengrauen auf dem Heimweg an den Bahnhof im Nachbardorf. Einer hat die Idee, den weiteren Weg nicht noch zu laufen, sondern mit der Bahn zu fahren. Sie schieben einen leeren Waggon vom Nebengleis auf das Hauptgleis und stellen die Weichen richtig. Bei dem Gefälle können sie auf die Lokomotive verzichten, der Wagen läuft von selbst und bringt sie nach Hause.
Mit dieser Überlieferung beginnt der Roman um die befreundeten Knechte Gotthard und Heinrich, sowie der Bauerntochter Luise. Das Dorfleben ist bis hinein in persönliche Beziehungen streng reglementiert. Als sich Gotthard, der Knecht, und Luise, die Bauerntochter, verlieben, ist das eine Unmöglichkeit. Luises Schwester wurde schon "zwangsverheiratet" und als diese stirbt, soll sie - ein Brauch dieser Zeit - die neue Frau ihres Schwagers werden. Doch Luise ist widerspenstig, hat Träume von einem anderen Leben, und Gotthard und Heinrich haben von Auswanderern nach Amerika gehört, wo alle frei sein sollen, wo es keine Standesunterschiede geben soll und so brechen sie auf nach Hamburg ...
Im zweiten Teil des Romans landen Luise, Gotthard und Heinrich im Arbeitermilieu des Hamburger Hafens, wo sie für ein Schiff nach Amerika Geld verdienen. Der Hafen und mit ihm die Infrastruktur wächst rasant und so werden Arbeitskräfte gebraucht. Allmählich verlieren sich die drei, jeder geht seinen eigenen Weg und nur für Gotthard bleibt der Traum von Amerika. Heinrich politisiert sich, er will die Welt grundlegend verändern, schließt sich der sozialistischen Bewegung an. Und Luise lässt sich hineintreiben in die Welt junger Künstler mit verqueren Gedichten ...

Parallel zur proletarischen Großstadtwelt wird das Leben im Dorf in der traditionellen Spinnstube gezeigt. Beide Welten erscheinen rätselhaft miteinander verknüpft und verwandt. Etwas ist in Unordnung geraten, gärt und so brechen die Welten auf mit dem Beginn des ersten Weltkrieges, womit der Roman endet.

Der Blick fiel auf die weißen Kirschblüten, die wie dicke Schneeflocken auf den kleinen Bäumen saßen. Kalt genug wäre es ja, dachte Heinrich, obwohl es schon April ist. Er stützte den Kopf in seine Hände, und sah über Büsche und Bäume am Ufer hinweg in das Elbwasser am Altonaer Hafen. Die Sonne glitzerte auf dem Wasser. Je starrer Heinrich auf dieses Glitzern sah, desto mehr schwindelte es ihn.
"Hein, zieh den Karren mit dem Eisen zu uns rüber", hörte er seinen Vorarbeiter rufen, und er tat sofort wie ihm befohlen. Lieber den Karren schieben und das Eisen hoch hieven als am Ende der Schellfischbahn sitzen und Fische sortieren. Die Aussicht, noch lange die Eisenkarren zu schieben, war immerhin nicht schlecht. Der Bau der Hochbahn ging immer weiter, immer weiter, und solange er ein guter Arbeiter war, musste er nicht runter zum Hafen, zum Pinnasberg und auf Tagelöhnerarbeit warten.
Wenn ich noch dran denke, als ich hierher kam. Jeden Tag gab es andere Gesichter. Und im Dorf - gab es nur das Dorf. Hatte immer gedacht, die Welt muss so groß sein. Von wegen, die Vorarbeiter sind wie die Bauern. Bloß, dass die auch wieder Vorarbeiter haben und so weiter. Aber dafür guckt mir hier auch keiner auf die Finger nach der Arbeit.
Was sie jetzt wohl zu Hause machen? Klar, aussäen, die Felder auflockern, was für ein Murks, wenn die Erde nach all dem Regen so richtig nass und schwer ist. Die Arbeit hier ist auch hart, keine Frage nicht. Aber hier kann man sehen, wie sich alles entwickelt. Wenn das so weitergeht mit der Hochbahn, wird die noch irgendwann bis an die Felder herangebaut, dann kann man die Ernte gleich bis hierher an den Hafen fahren. Der Bauer würde große Augen machen.

Nora Leminki: Männer, Briefe, Depressionen
Roman, 190 Seiten, ISBN: 978-3-9802133-6-3

Aus der Rubrik "amüsante Frauenliteratur": Nora Leminki präsentiert in ihrem Erstlingsroman die Geschichte von Gabi, die sich mehr oder minder freiwillig in einer Rehaklinik fern der Heimat wiederfindet. Auch, um sich die Zeit in der Ferne zu vertreiben, erinnert sich die Protagonistin an vergangene Männerbekanntschaften - augenzwinkernd und heiter, aber auch mal melancholisch und nachdenklich. Und hier und da findet frau sich zwischen den Zeilen auch mal wieder...

Da stand ich nun mit meinem Handgepäck vor dem Portal der Klinik, in der ich die nächsten vier Wochen verbringen sollte. Da es wie aus Eimern regnete, zauderte ich nicht allzu lang und bewegte mich auf den Eingang zu. Die riesigen Glastüren fuhren nahezu geräuschlos auf, als ich darauf zuging, und wenige Schritte später stand ich in einem großen, achteckigen Raum, der in allen Schattierungen von grün regelrecht leuchtete. Grün waren hier nicht nur die Wände, die Fußböden und die darauf liegenden Teppichläufer, auch die Möbel waren es, und außerdem standen hier so unzählige Pflanzen, dass es ein bisschen an ein Gewächshaus erinnerte. Das wiederum war mir nicht unangenehm, ich liebe nicht nur Grünpflanzen, ich mag auch die Farbe grün an sich, und diese Eingangshalle hatte darüberhinaus auch noch etwas sehr Edles, ein bisschen wie im Luxushotel. Zumindest so, wie ich es mir in einem Luxushotel vorstellte, ich war nämlich noch nie in einem.

Alice Kerpen: Und draußen regnet es.
Lyrik und Prosa, 90 Seiten, ISBN: 978-3-9802133-3-2

Prosa und Lyrik von Alice Kerpen sind Momentaufnahmen nüchterner Poesie. Kein Wort ist überflüssig, die Sprachbilder sprechen für sich, treffen ins Herz. Ob Abschied, Krankheit, Naturbetrachtung, Kindheitserinnerung oder die Liebe: die Themen sind vielschichtig wie das Leben und Alice Kerpen findet zielsicher den richtigen Ton; Literatur mit Substanz, schnörkellos und tiefsinnig.

Ich würde gerne am Meer wohnen. Morgens, wenn ich zur Bahn gehe, steige ich eine kleine Anhöhe hinauf und ich hoffe jeden Tag, dahinter das Meer zu entdecken. Ich würde gerne Salzluft atmen, bis das Salz in meinen Wimpern hängt und meine Fingernägel verkrusten. Ich möchte auf einer Insel leben und morgens in Gummistiefeln zum Bäcker laufen, kauzigen Menschen begegnen, die Einsamkeit kennen und kleine Gesten ohne große Worte zu schätzen wissen. Ich wünsche mir einen Ofen, gegen den ich meine kalten Füße stellen kann. Eine Veranda, auf der ich stehen kann, wenn es regnet. Eine Wäscheleine, die zwischen zwei Bäumen gespannt ist. Eine Fähre, die nur einmal am Tag kommt.

Ich wünsche mir deine Schritte im Treppenhaus und dass mein Kaktus bald blüht. Die Küche soll der wärmste Ort bleiben. Es soll nach frisch gekochtem Apfelmus riechen. Nach Zimt.

Ich wünsche mir eine Leiter, mit der ich in meine Bäume hinaufsteigen kann. Einen Spaten, um den Garten vor dem Winter noch einmal umzugraben.

Joachim Berg: Am Ende der Welt
Erzählung, 152 Seiten, ISBN: 978-3-9802133-4-9

Eine Frau löst sich aus der namenlosen Menge Vorübergehender und stürzt sich in den Kanal am Hafen. Als sie wieder auftaucht und ins Leben zurückkehrt, ist ihre Welt neu geordnet. Mann und Kind existieren nicht mehr für sie.
So beginnt die Erzählung von Joachim Berg. Am Ende der Welt ist eine neue Welt und am Ende ist diese wieder zu Ende und neu. Dazwischen wird von Menschen erzählt, die sich begegnen, weil sie sich öffnen. Gemeinsam gehen sie dann ein Stück durch diese neue Welt und betrachten sie. Ein "Roadmovie" im Spazierengehen entwickelt sich und steuert schließlich einem dramatischen Finale zu, aus dem dann wieder neues entstehen kann..

> Als sie das Geländer losläßt und frei auf der Sprosse steht, gleicht sie einer flammenden Schönheit, vollendet und unerreichbar, Abgrund und Gipfel menschlicher Seele verzaubernd. Jetzt hält der lässige Mann den kleinen Jungen an den Händen fest. Kurze Hosen trägt der Junge und blaues kurzärmeliges Hemd, sein Blick ist erschrocken.
> Die Frau läßt sich fallen. Der Rock bläht auf im Flug, sie streckt Beine und Arme, sie reckt sie scheinbar, wie nach langem, tiefem Schlaf beim Aufwachen die Glieder gestreckt werden, um sie zu lockern, sie pulsieren zu lassen. Dann gibt es einen lauten Schlag. Wasser spritzt. Ein Schuh hüpft in die Höhe. Aus brauner Welle des in Bewegung gesetzten trägen Wassers taucht der Kopf der Frau auf, Arme rudern ohne Panik.

Willi Schmidt: Aus der Tiefe der Hölle
Roman, 160 Seiten, ISBN: 978-3-9802133-5-6

Hans beginnt eine Kochlehre. 60 km von seinem Heimatort entfernt, endet damit seine dörflich-behütete Kindheit. Er beginnt seinen neuen Lebensabschnitt mit Furcht und Neugier. Nach schwieriger Eingewöhnungszeit entwickeln sich rasch seine Fähigkeiten als Koch. Sein Chef ist zufrieden mit ihm. Gleichzeitig wächst seine Sehnsucht. Mehr und mehr schafft er sich eine Traumwelt. Seine Lebenswirklichkeiten verschwimmen und werden immer gegensätzlicher. Als er daran zu zerbrechen droht, meldet sich eine Krankheit, die in ihm schlummerte: Epilepsie. Aus der Krankheit erwächst neue Stärke. Bald ist er fähig eine Entscheidung zu treffen, die sein Leben radikal verändert.

> Hans und Fatma sind in den Wald gegangen, an einem Nachmittag im späten Sommer. Während ihrer Freistunden. Sie sind den Berg hoch gegangen. Auf schmalen, frisch geteerten Straßen, vorbei an großen, neuen Häusern, hell gestrichen, mit sauberen Gärten und gefegten Höfen, aus denen manchmal Hunde hinter ihnen her bellen. Er sieht ihre braune Haut im Gesicht. Sie sieht seine schmalen, feingliedrigen Finger, die nicht so aussehen, als würde er jeden Tag damit schwer arbeiten. Sie haben tief geatmet, weil es ihnen Mühe macht den Berg hoch, weil sie nicht wissen, wohin sie gehen. Die Häuser hören auf. Sie erreichen den Wald. Der Weg ist jetzt geschottert. Das Rauschen der fremden Stadt, unten im Tal, verschwindet. Sie treten in den Wald ein. Sie werden von Stille empfangen. Es zwitschern keine Vögel. Am Wegrand wachsen dichte Gräser aus dunklem Grün. Bewegungslos stehen hohe schmale Fichten und kräftige Buchen beieinander. Sie wissen beide, daß es gleich ein Gewitter geben wird.

**Damals: Geschichten und Überlieferungen aus der Region Marburger Land
- 18. Jahrhundert bis zur Zeit nach dem 2. Weltkrieg -**
Texte und Fotos, 160 Seiten, ISBN: 978-3-9802133-7-0

Geschichte hat dann etwas mit Gegenwart zu tun, wenn mehr erzählt wird, als die äußeren Daten und Fakten; wenn versucht wird, etwas über den Alltag der "normalen" Menschen von früher zu erfahren.
Ausgehend von dieser Grundüberzeugung veröffentlichen wir in unseren verschiedenen Regionalmagazinen die Serie "Damals". Diese Serie ist keine chronologische Auflistung von wahrer bzw. vermeintlich wahrer Überlieferung, sondern eine Sammlung von Geschichten aus vergangenen Zeiten, in denen die Menschen in ihrer

konkreten Umgebung im Mittelpunkt stehen. Ausdrücklich erwünscht ist dabei die Mitarbeit der Leserinnen und Leser; sei es durch eigene Beiträge, Fotos, Erzählungen oder Anregungen.
Wir haben uns entschlossen, die langjährige Serie in Buchform herauszugeben. Dabei wurden die Geschichten neu sortiert und teilweise etwas bearbeitet, so dass jetzt "Damals" in kompakter Form vorliegt.

Emely Oak: Schlag auf Schlag
Roman, 260 Seiten, ISBN: 978-3-9802133-1-8

Eine hochbegabte junge Frau beschreibt anhand von Tagebüchern und Erinnerungen ihre Probleme während der Schulzeit: Einsamkeit und Depression führen zu Depersonalisation und selbstverletzendem Verhalten. Mit zwanzig Jahren erleidet sie eine Gehirnblutung. Der lange Krankenhausaufenthalt gibt ihr die Möglichkeit, sich mit der Vergangenheit auseinanderzusetzen und die erlittenen Traumatisierungen zu verarbeiten: Die Kindheit bei der alleinerziehenden psychisch kranken Mutter und das Leben in einer Pflegefamilie. Die Nahtoderfahrung durch den Hirnschlag gibt ihr den Mut, ihren eigenen Weg zu gehen und die Erwartungen der Umwelt hinter sich zu lassen. Sie sieht diesen Schicksalsschlag als Chance, das Streben nach Leistung aufzugeben und glücklich zu sein.

> Stickige Luft erfüllte den Raum. Nur das Laternenlicht der Straße erhellte das Zimmer. Sie saß auf ihrer mit blauem Jeansstoff bezogenen Ikea-Couch und schaute zum Fenster hinaus. Starker Platzregen, von Windböen getrieben, rollte über die Straße. Alles war still, wie jeden Abend wenn sie am Fenster saß, aber heute war es eine unheimliche Stille. Dann hörte sie das altbekannte Schluchzen, welches die Stille durchbohrte. Es kam aus dem Wohnzimmer. Mom weinte wieder. Ein kühler Schauer lief ihr über den Nacken. Sie zog die Schultern hoch, senkte den Kopf und spürte ein Ziehen im Bauch.
> ‚Warum weint sie? Was hab ich falsch gemacht?', die Gedanken stürzten wie ein Berg Hagelkörner auf sie ein und rasten durch ihren Kopf.

Candrac von Hainrich: Vergessene Legenden
Fantasy-Roman, 540 Seiten, ISBN: 978-3-9817063-0-7

Im spirituellen Orden der Erzwächter breitet sich dicke Luft aus. Obwohl die Freunde Tantruid, Pokétragon, Jadegreif und Lavenda eng miteinander verbunden sind, merken sie, dass jeder seinen eigenen Weg gehen muss, um im Leben glücklich zu werden. Doch nur teilweise freiwillig und durch einen Schicksalsschlag bedingt, lassen sie voneinander los. Tantruid beginnt nach einem geheimnisvollen Lehrmeister zu suchen, der ihn zu einem neuen Bewusstsein führen soll. Lavenda hingegen fühlt sich von allen verlassen und reist voller Selbstzweifel ins zerrüttete Königreich Liberak. Pokétragon zieht es derweil in die Hauptstadt des Landes Abenmark, wo er als selbsternannter Menschheitsbeauftragter die Bürger vor seinen korrupten Herrschern warnen will. Und als Jadegreif erfährt, dass er von einem verstorbenen Regierungsfürsten zu seinem Nachfolger ernannt worden ist, entschließt auch er sich dazu, dieses ungewisse Erbe anzutreten. Noch bevor alle ihrer Wege ziehen, vermacht Erzwächtermeister Degister jedem eine magische Kristallkugel, mit deren Hilfe sie durch die Kraft der Gedanken weiter in Kontakt bleiben können …

Pokétragon trat die alte Holztür im Schloss der Erzwächter krachend auf und hüpfte leichtfüßig in den Flur. "Ich bin nicht nur der bestaussehendste Schauspieler, Geschichtenerzähler, Meisterdieb und Barde der Welt – sondern seit kurzem auch noch der begnadetste Kämpfer. Mit der meisten Pauer." Danach drehte er sich wieder zur Tür und formte seine feinen Gesichtszüge zu einem selbstverliebten Grinsen.

"Das mag teilweise vielleicht stimmen, aber schlimmer als deine altbekannte Eitelkeit ist mittlerweile deine neue Redensart mit diesen selbstentwickelten Wörtern."

*Nähere Informationen im Internet unter www.grundblick.de
oder lassen Sie sich kostenlos unser Infoblatt schicken:
Grundblick Verlag
Vor dem Wald 16
35085 Ebsdorfergrund
Tel. 06424/929240
post@grundblick.de*

*Infos und Bestellungen über:
Syntropia Spezialbuchversand
Erbacher Straße 107
64287 Darmstadt
www.syntropia.de
info@syntropia.de*